DESSERTS

NEUE KREATIONEN UND MODERNE KLASSIKER

saisonküche

IMPRESSUM

HERAUSGEBER
Verlag Saisonküche

KONZEPT, REALISATION, ART DIRECTION
Redaktion Saisonküche

REZEPTE, STYLING
Karin Messerli

FOTOS
Studio Grünert/Küng, Ruth Küng

REQUISITEN
Therese Müller, Zürich; Judith Nägeli, Bern

LITHOS, DRUCK
+siggset+, Albbruck

Alle Rechte vorbehalten, einschliesslich
derjenigen des auszugsweisen Abdrucks
und der elektronischen Wiedergabe.
© Verlag Saisonküche, Zürich
1. Auflage 2005
ISBN 3-9521973-4-3

Das vorliegende Buch ist sorgfältig erarbei-
tet worden. Dennoch erfolgen alle Angaben
ohne Gewähr. Weder AutorInnen noch Verlag
können für eventuelle Fehler oder Schäden,
die aus den in diesem Buch gegebenen
praktischen Hinweisen resultieren, eine
Haftung übernehmen.

SAISON FÜR SÜSSES

Liebe Leserin, lieber Leser

Dessertideen kann es nie genug geben. Inspiriert durch Aromen und Zutaten aus aller Welt, haben wir für dieses Buch viel Neues kreiert und Altbewährtes mit Ungewöhnlichem kombiniert. Entstanden sind dabei raffinierte Desserts wie Panna cotta mit Kokosmilch und Zitronengras, Safranbirnen mit Milchreis oder Vanillecreme mit Lavendel. Bei aller Spielerei mit Ingredienzen und Gegensätzen bleiben wir unserem Grundsatz aber treu: Saisonalität. Für viele Desserts sind Früchte die Basis. Sie werden dann verarbeitet, wenn sie am süssesten sind und auch am besten schmecken. Darum ist unser Buch nach Jahreszeiten gegliedert. Das Blütensorbet finden Sie im Frühlings-, den Beerenpudding im Sommerteil, Schmorquitten gibts im Herbst- und Oranges givrées im Winterkapitel.

Haben wir Sie gluschtig gemacht? Wunderbar! Dann blättern Sie um, und lassen Sie sich zum Ausprobieren verführen.

Ihre Saisonküche

INHALT

FRÜHLINGSDESSERTS

14 Ausgebackene Holunderblüten mit Blütenschaum
16 Marokkanischer Erdbeersalat
18 Erdbeer-Vanille-Jelly
20 Fraises à la fraise mit Glacestängel
22 Rhabarbertarte
24 Kokos-Panna-cotta mit Rhabarbersirup
26 Rhabarber-Erdbeer-Crumble
28 Rhabarber-Millefeuilles
30 Zitronentartelettes
32 Cheesecake mit Limettenconfit
34 Rosenblütensorbet mit Apfelmus
36 Milchreis mit Safranbirnen

SOMMERDESSERTS

40 Beerenbiskuit
42 Rote Grütze mit Vanillesauce
44 Baisertörtchen mit Beeren
46 Roter Beerenpudding
48 Kir-Sorbet
50 Kirschenflan
52 Kirschen im Ausbackteig
54 Süss-salzige Pflümlitarte
56 Aprikosenterrine mit Johannisbeeren
58 Himbeerglace-Sandwichs
60 Sommerfrüchte vom Grill mit Lavendel-Vanillecreme
62 Süsser Gazpacho mit Mascarponeglace
64 Minzecreme mit Biscotti
66 Melonensalat mit Borretschblüten
68 Granita al caffè mit Holunderlikörschaum

HERBSTDESSERTS

72 Brombeerpudding
74 Birnen-Mohn-Strudel
76 Espressobirnen
78 Pot de crème mit Rotweinzwetschgen
80 Zwetschgenknödel
82 Traubenpudding mit Sesamkrokant
84 Traubenfocaccia
86 Grüner Fruchtsalat
88 Minitartes Tatin mit Holunderkompott
90 Schmorquitten mit Jogurtglace
92 Nuss-Sorbet mit Hagebuttensauce
94 Honigfeigen
96 Zitronensoufflé mit Brombeercoulis
98 Dunkle Schokoladenmousse

WINTERDESSERTS

102 Oranges givrées
104 Flambierte Orangencrêpes
106 Safran-Griessköpfli mit Cranberries
108 Montebianco
110 Karamellflan
112 Gebrannte Creme mit Schnee-Eiern
114 Profiteroles au chocolat
116 Tiramisù mit Glühweinsirup
118 Savarin mit Winterfruchtsalat
120 Baked Alaska
122 Jogurtparfait mit Krokant
124 Zitronenroulade mit Kokoshaube
126 Schokoladenmousse-Kuchen

RUBRIKEN

4 Impressum
5 Einleitung
8 Tipps und Tricks
10 Praktische Helfer
128 Alphabetisches Register

TIPPS UND TRICKS

BACKOFENTEMPERATUR
Wenn nicht anders angegeben, wurden die Desserts im vorliegenden Buch mit Ober- und Unterhitze gebacken. Im Umluftofen sollte die Temperatur um etwa 25 °C reduziert werden. Ein Backthermometer ist empfehlenswert, damit die Temperatur genau überprüft werden kann.

AUF BLECH ODER GITTER BACKEN?
Sind die Heizschlangen am Backofenboden sichtbar, sollten Gratins, Soufflés, Kuchen etc. auf dem Blech gebacken werden (das mit dem Ofen vorgeheizt wird), damit sich die Hitze gleichmässig verteilt. Sind die Heizschlangen im Boden versenkt und unsichtbar, bäckt man, sofern nichts überlaufen und den Ofen beschmutzen kann, auf dem Gitter. Sonst Backgut auf das Blech stellen.

RESTEN VON EIGELB
Übrig gebliebenes Eigelb kann problemlos eingefroren werden. Dazu die Dotter verrühren und, je nachdem ob sie süss oder salzig weiterverwendet werden, Zucker oder Salz beifügen. Pro Eigelb braucht es 1 TL Zucker oder 1 gute Prise Salz. In ein gut verschliessbares Tiefkühlgefäss geben, mit Datum und Anzahl der Eigelbe beschriften. Vor dem Verwenden im Kühlschrank auftauen lassen. Tiefgekühlt ist Eigelb 3 Monate haltbar. In den folgenden Rezepten wird viel Eigelb benötigt: Lavendel-Vanillecreme (Seite 60), Pot de crème (Seite 78), Karamellflan (Seite 110).

RESTEN VON EIWEISS
Übrig gebliebenes Eiweiss kann man problemlos tiefkühlen. Dafür ein gut verschliessbares Tiefkühlgefäss aus Kunststoff verwenden. Mit einer Etikette versehen, auf der die Anzahl der Eiweisse notiert ist. Und das Datum nicht vergessen. Wenn im Lauf der Zeit genug Eiweissvorrat zusammengekommen ist, diesen zum Beispiel für Blütenschaum (Seite 14), Baisertörtchen (Seite 44) oder Minzecreme (Seite 64) verwenden. Dafür das Eiweiss über Nacht im Kühlschrank auftauen lassen. Es braucht nur sulzig zu sein, weil es sich am besten eiskalt weiterverarbeiten lässt. Tiefgekühlt ist Eiweiss 6 Monate haltbar.

ABGERIEBENE SCHALE VON ZITRUSFRÜCHTEN
Ob Zitronen, Limetten oder Orangen – die abgeriebene Schale von Zitrusfrüchten verleiht Desserts ein erfrischendes Aroma. Auch wenn in den Rezepten nicht explizit darauf hingewiesen wird, empfehlen wir die Verwendung von Früchten in Bio-Qualität.

MASSANGABEN
EL = Esslöffel, gestrichen voll, 12–15 ml oder 12–15 g
TL = Teelöffel, gestrichen voll, 5–7 ml oder 5–7 g
0,5 dl = 3–4 EL
1 dl = 6–7 EL
1 Tasse oder kleiner Massbecher = 2–2,5 dl
1 Ei = 53–57 g

PRAKTISCHE HELFER

1 | GROSSE SCHÜSSELN UND SCHWINGBESEN Zum Rühren, Schlagen, Mischen und Unterheben sind grosse Schüsseln, z. B. aus Melamin, ideal – der Inhalt schwappt nicht so leicht über. Auf einen feuchten Lappen stellen, damit die Schüssel auf der Arbeitsfläche nicht rutscht. Dem Profi abgeschaut: Eischnee mit dem grössten Schwingbesen in kreisenden Bewegungen locker und rasch unterheben, damit die Masse nicht zusammenfällt.

2 | DAS RICHTIGE MASS Kleine Mengen sind nicht einfach abzumessen. Deshalb sind Messlöffelsets oder kleine Messbecher ein Must. Wenn nicht anders vermerkt, sind die Angaben für Löffelmasse in den Rezepten immer gestrichen voll berechnet. Kleine Messbecher sind ideal für kleine Flüssigkeitsmengen, aber auch, um Blüten oder Kräuter abzumessen.

3 | SCHARFE REIBE Für ein erfrischendes Zitrusaroma in Desserts wird die Schale der Zitrusfrucht an einer möglichst feinen und sehr scharfen Reibe hauchdünn abgerieben. Nur mit leichtem Druck arbeiten, damit

die weisse, leicht bittere Unterschicht nicht mit abgerieben wird. Für Schokolade oder Gewürze, z. B. Muskatnuss, ist eine etwas gröbere Raffel geeignet. Übrigens: Für Schokoladenlocken ist der Sparschäler das beste Werkzeug.

4 | FORMEN UND FÖRMCHEN Für das Bereitstellen der Zutaten (Mise en place) sind Förmchen aus Porzellan in verschiedenen Grössen oder ein Schüsselset aus Chromstahl unentbehrlich. Beide Materialien sind geruchsneutral und spülmaschinenfest.

5 | SUPER-STREUER Streudosen für Puderzucker oder Kakaopulver stehen in der Dessertküche immer bereit. Damit erhalten die fertig zubereiteten Desserts den letzten, dekorativen Schliff.

6 | WERKZEUG Unentbehrlich in der Dessertküche sind Kellen und Gummischaber. Mit der Lochkelle wird zusätzliche Luft in Massen gerührt. Gummischaber eignen sich zum Mischen, locker Darunterheben und sauber Ausputzen. Nicht alle sind hitzebeständig. Auf die Qualität und Angaben des Herstellers achten.

7 | SPRITZBEUTEL Zum Garnieren sind Spritzbeutel mit glatter und gezackter Tülle unerlässlich. Sie sind aber auch hilfreich zum Formen von Profiteroles, Einfüllen von Teig in kleine Förmchen oder Füllen von Gebäck. Grosse Beutel verwenden, den oberen Rand so weit wie möglich nach unten krempeln und den Beutel in ein Gefäss stellen, damit man zum Einfüllen der Masse beide Hände frei hat.

8 | KÜCHENWAAGE Wer Desserts, vor allem Cremen und Gebäck, herstellen möchte, kommt nicht ohne Küchenwaage aus. Sonst werden aus Cremen Saucen oder Puddings … Praktisch: Waagen zum Dazuzählen.

9 | FEINE UND GROBE SIEBE Sie sind gleichzeitig Gefäss und Gerät: Die grobmaschigen, grossen Siebe sind ideal zum Waschen und Abtropfen von Beeren und zum Passieren (Coulis), die feinmaschigen eignen sich zum Abtropfen von Quark und Jogurt oder Passieren von Cremen und Sirup. Übrigens: Kleine Metallsiebe sind feiner als jede Reibe und machen Meringues zu Puder (Beerenbiskuit Seite 40).

Messlöffel-Set von der Saisonküche; restliche Produkte aus der Migros

FRÜHLINGSDESSERTS

Ausgebackene Holunderblüten mit Blütenschaum

Für 4 Personen

10–15 Holunderblütendolden
Kokosfett zum Ausbacken
Puderzucker zum Bestäuben

BLÜTENSCHAUM
4 dl Milch kalt
¾ TL Vanillinzucker
2 EL Rahm
4 Eiweiss
40 g Zucker

AUSBACKTEIG
1 grosses Ei
100 g Mehl
1 Prise Salz
1,5 dl leicht süsslicher Weisswein
oder Apfelmost
4 EL Milch
1 EL flüssige Butter
½ TL Backpulver

ZUBEREITUNGSZEIT
ca. 40 Minuten
+ 12 Stunden ziehen lassen

1 Am Vortag: Für den Blütenschaum 2–3 Holunder-blütendolden gut ausschütteln. Stiele stark zu-rückschneiden. In der kalten Milch zugedeckt über Nacht im Kühlschrank ziehen lassen.

2 Am Zubereitungstag: Blütendolden aus der Milch nehmen. Milch mit Vanillinzucker 15 Minuten bei kleiner Hitze ziehen lassen. Rahm, Eiweiss und Zu-cker verrühren. Heisse Milch unter Rühren beifügen. Alles in die Pfanne zurückgiessen und bis knapp vor den Siedepunkt erhitzen. Von der Herdplatte ziehen. Pfanne in ein Eiswasserbad (siehe Tipp) stellen. Schaum mit dem Schwingbesen kalt rühren. In Schälchen füllen, zudecken und kühl stellen.

3 Ausbackteig: Ei trennen. Mehl und Salz mischen. Eigelb und Wein oder Most dazugeben und glatt rühren. Milch und Butter dazumischen. Zudecken und 30 Minuten bei Raumtemperatur stehen lassen.

4 Restliche Blütendolden gut ausschütteln. Stiele nur leicht zurückschneiden. Eiweiss mit Backpulver steif schlagen. Locker unter den Teig ziehen. Kokos-fett auf 180 °C erhitzen. Dolden portionenweise durch den Teig ziehen. Sofort im Fett goldgelb aus-backen. Auf Haushaltspapier abtropfen lassen. Mit Puderzucker bestäuben. Mit dem Blütenschaum servieren.

TIPP
Für das Eiswasserbad eine weite Schüssel zu einem Drittel mit Eiswürfeln füllen. Mit etwas eiskaltem Wasser aufgiessen. Pfanne oder Schüssel mit der zu kühlenden Masse hineinstellen. Masse so lange rühren, bis sie kalt ist (kalt rühren). Zu emp-fehlen für Cremen respektive Schaumcremen mit Milchprodukten und Eiern.

Marokkanischer Erdbeersalat

Für 4 Personen

750 g reife Erdbeeren
1 Blondorange
5–6 EL Puderzucker je nach Reife
der Erdbeeren
1 TL Zimt gemahlen
½ Bund frische Minze
z. B. Marokkanische Minze,
Krause- oder Orangenminze
einige Tropfen Orangen-
blütenwasser

ZUBEREITUNGSZEIT
ca. 15 Minuten
+ 2 Stunden marinieren

1 Erdbeeren kurz mit kaltem Wasser abbrausen. Gut abtropfen lassen. Entstielen und je nach Grösse ganz lassen oder längs halbieren.

2 Orange auspressen. Saft samt Fruchtfleisch mit 4 EL Puderzucker und Zimt verrühren. Über die Erdbeeren giessen und sorgfältig mischen. Zudecken und 2 Stunden im Kühlschrank marinieren.

3 Kurz vor dem Servieren Minzeblättchen in Stücke zupfen. Über den Salat streuen. Nach Bedarf restlichen Puderzucker dazugeben. Mit Orangenblütenwasser beträufeln.

TIPPS
- Erdbeeren unmittelbar nach dem Pflücken oder Kauf verlesen. Ganz, mit Stiel, in einem grossen Sieb mit kaltem Wasser abbrausen. So wird das feine Aroma nicht verwässert.
- Minze von Hand in Stücke zupfen, sie bleibt aromatischer und wird nicht so schnell schwarz, als wenn man sie mit dem Messer hackt.
- Je nach Konzentration des Orangenblütenwassers variiert die Menge zum Aromatisieren von einigen Tropfen bis zu 1 Esslöffel.

SAISONVARIANTE
Erdbeeren mit Wald- oder Monatserdbeeren mischen.

Erdbeer-Vanille-Jelly

Für 4 Personen
Für 4 Gläser à 2,5 dl

250 g Erdbeeren
4 Blatt Gelatine
2,5 dl Roséwein oder alkoholfreier
Schaumwein
4 EL Zucker
2 dl Rahm
2 dl saure Buttermilch nature
2 Streifen Zitronenschale
1 Vanilleschote aufgeschlitzt

ZUBEREITUNGSZEIT
ca. 30 Minuten
+ 3–4 Stunden fest werden lassen

1 Gläser kühl stellen. Erdbeeren kurz mit kaltem Wasser abbrausen. Gut abtropfen lassen. Entstielen und in Viertel schneiden. In die Gläser geben. Zudecken und kühl stellen.

2 Gelatine in reichlich kaltem Wasser einweichen. Wein oder Schaumwein und 2 EL Zucker aufkochen. Bei kleiner Hitze köcheln lassen, bis sich der Zucker aufgelöst hat. Pfanne von der Herdplatte ziehen. 2 Blatt Gelatine gut ausdrücken. In der heissen Flüssigkeit auflösen. Auskühlen lassen. Über die Erdbeeren giessen. Zudecken, kühl stellen und gelieren lassen.

3 Rahm, Buttermilch, Zitronenschale, Vanilleschote und restlichen Zucker aufkochen. Bei kleiner Hitze köcheln lassen, bis sich der Zucker aufgelöst hat. Pfanne von der Herdplatte ziehen. Vanilleschote entfernen. Restliche Gelatine gut ausdrücken. In der heissen Vanillemilch auflösen. Auskühlen lassen, dann ca. 10 Minuten kühl stellen, ohne gelieren zu lassen.

4 Vanillemilch auf das gelierte Erdbeer-Jelly giessen. Zudecken und im Kühlschrank 3–4 Stunden fest werden lassen. Im Glas servieren.

TIPPS
• Mit der angegebenen Menge Gelatine können die Jellies nach 1 Tag im Kühlschrank gestürzt werden. Werden je 2,5 Blätter verwendet, kann man die Jellies bereits nach 3–4 Stunden stürzen (siehe auch Tipp Panna cotta, Seite 24).
• Zum Stürzen Ränder mit einem spitzen Messer sorgfältig lösen. Formen kurz in warmes Wasser stellen. Jellies direkt auf Teller stürzen.

SAISONVARIANTE
Statt Erdbeeren Himbeeren oder Johannisbeeren verwenden.

Fraises à la fraise mit Glacestängel

Für 4 Personen

ca. 750 g reife Erdbeeren
3–4 EL Puderzucker
3 EL süsser Sherry oder Pernod
3 EL Doppelrahm
1 Msp. Zimt gemahlen
1 Msp. Nelken gemahlen
wenig Zimtstangenrinde zum Garnieren
Gänseblümchen zum Garnieren

GLACESTÄNGEL (20–24 STÜCK)
1 Rolle Blätterteig rechteckig ausgewallt, 320 g
1 Eiweiss
1 Prise Salz
75 g Puderzucker

ZUBEREITUNGSZEIT
ca. 30 Minuten
+ 30–35 Minuten backen

1 Glacestängel: Ein grosses Blech mit kaltem Wasser abspülen. Blätterteig quer halbieren. Eine Hälfte aufs Blech geben, mit kaltem Wasser bestreichen. Zweite Hälfte darauf legen, andrücken und 20 Minuten kühl stellen. Mit einem scharfen Messer in ca. 2 cm breite und 10 cm lange Stücke schneiden. Nochmals kühl stellen.

2 Backofen auf 175 °C vorheizen. Eiweiss mit Salz steif schlagen. Puderzucker nach und nach dazusieben, kurz weiterschlagen. Blätterteigstücke dick mit Eischnee bepinseln. Darauf achten, dass die Ränder nicht verschmiert werden, damit der Blätterteig schön aufgeht. 20–25 Minuten im unteren Teil des Ofens hell backen. Ofen ausschalten. Gebäck bei halb geöffneter Ofentür 10 Minuten ausbacken. Herausnehmen und auf einem Kuchengitter auskühlen lassen.

3 Erdbeeren kurz mit kaltem Wasser abbrausen. Gut abtropfen lassen. Entstielen und je nach Grösse ganz lassen oder in Stücke schneiden. 500 g Erdbeeren mit 2 EL Puderzucker mischen. Zudecken und ziehen lassen. Restliche Erdbeeren mit restlichem Zucker, Sherry oder Pernod, Doppelrahm, Zimt- und Nelkenpulver pürieren.

4 Erdbeeren mit Sauce anrichten. Mit Zimtrinde und Gänseblümchen garnieren. Glacestängel dazuservieren.

TIPP
Blätterteig schrumpft beim Backen etwa um 10 Prozent. Deshalb können die Blätterteigstücke auf dem Blech ohne Abstand gebacken werden.

VARIANTE
Nicht pürierte Erdbeeren mit Kiwis mischen, den Doppelrahm im Püree weglassen und separat dazuservieren.

Rhabarbertarte

Für 2 Bleche von 10 x 35 cm
oder für 1 Blech von 20 x 35 cm
Ergibt ca. 16 Stück

600 g Rhabarber wenn möglich
zarter Erdbeerrhabarber
3 EL Zucker
Puderzucker zum Bestäuben

MÜRBETEIG
250 g Mehl
50 g Puderzucker
2 Prisen Meersalz
125 g kalte Butter
1 kleines Ei verquirlt
Mehl zum Auswallen
Hülsenfrüchte z. B. Soissonsbohnen
zum blind Vorbacken

FÜLLUNG
3 dl Milch
1 Zimtstange oder 2 Sternanis
oder 4 Kardamomkapseln
3 EL Zucker
1 Limette Schale
60 g Griess
3 Eigelb

ZUBEREITUNGSZEIT
ca. 45 Minuten
+ 60 Minuten kühl stellen
+ 45–50 Minuten backen

1 Mürbeteig: Mehl, Puderzucker und Salz mischen. Butter in Würfelchen dazugeben. Zwischen den Händen zu einer bröseligen Masse reiben. Ei beifügen. Alles rasch zu einem weichen Teig zusammenfügen. Flach drücken. In Folie wickeln und 30 Minuten kühl stellen.

2 Backofen auf 180 °C vorheizen. Teig auf leicht bemehlter Arbeitsfläche rechteckig auswallen. Auf das Blech legen, dicht einstechen. Mit Backpapier bedecken und mit Hülsenfrüchten beschweren. 30 Minuten kühl stellen. 10 Minuten in der Ofenmitte blind vorbacken. Papier samt Hülsenfrüchten entfernen, weitere 5 Minuten backen. Herausnehmen und auskühlen lassen.

3 Füllung: Milch mit Gewürz, Zucker, fein abgeriebener Limettenschale und Griess unter Rühren aufkochen. 2–3 Minuten zu einem dicken Brei einkochen. Gewürz entfernen. Auskühlen lassen. Eigelb darunter mischen. Bis zur Verwendung zugedeckt beiseite stellen (nicht in den Kühlschrank).

4 Rhabarber frisch anschneiden, evtl. schälen und in ca. 8 cm lange Stücke schneiden. Füllung auf den Teigboden geben. Mit Rhabarber belegen. Mit 2 EL Zucker bestreuen. Mit Backpapier lose bedecken. 20 Minuten in der Ofenmitte backen. Backpapier entfernen. Restlichen Zucker darüber streuen. Weitere 10–15 Minuten backen, bis der Rhabarber weich ist. Tarte herausnehmen und leicht abkühlen lassen. Teigrand mit Puderzucker bestäuben. Tarte in Stücke schneiden und lauwarm servieren.

TIPP
Fürs blind Vorbacken das Backpapier über den Teigrand hinausziehen, damit die Teigkante nicht zu stark durchbäckt und beim weiteren Backen verbrennt.

Kokos-Panna-cotta mit Rhabarbersirup

Für 4–6 Personen
Für 4–6 Förmchen à 1,5–2 dl

1 Stängel Zitronengras
4 dl Milch
65 g Zucker
2–3 Kaffirlimettenblätter
3–4 Blatt Gelatine
2,5 dl Kokosnussmilch
1 dl Rahm

RHABARBERSIRUP (3 DL)
300 g Rhabarber oder Erdbeeren
2 cm frischer Ingwer geschält
1 dl Wasser
200 g Zucker
1 EL Zitronensaft

ZUBEREITUNGSZEIT
ca. 40 Minuten
+ 15 Minuten ziehen lassen (Milch)
+ 60 Minuten ziehen lassen (Sirup)
+ mind. 8 Stunden kühl stellen

1 8 Stunden im Voraus: Förmchen kühl stellen. Zitronengras längs halbieren, evtl. vierteln. 2,5 dl Milch aufkochen. Zucker, Kaffirlimettenblätter und Zitronengras beifügen. 15 Minuten bei kleiner Hitze ziehen lassen. Gelatine in restlicher Milch in einem Suppenteller einweichen. Darauf achten, dass sie mit Flüssigkeit bedeckt ist. Samt Milch zur warmen Milch geben. Gelatine darin auflösen. Auskühlen lassen.

2 Milch absieben. Mit Kokosnussmilch und Rahm mischen. In die Förmchen füllen. Mit Klarsichtfolie zudecken und mindestens 8 Stunden kühl stellen.

3 Sirup: Rhabarber oder Erdbeeren in Stücke, Ingwer in Scheiben schneiden. Wasser mit Zucker und Ingwer aufkochen. Mit Rhabarber oder Erdbeeren mischen. In eine Schüssel geben. 60 Minuten im heissen Wasserbad ziehen lassen. Absieben und gut durch ein Sieb drücken. Sirup mit Zitronensaft abschmecken und kalt stellen.

4 Zum Servieren Kokos-Panna-cotta mit Rhabarber- oder Erdbeersirup beträufeln.

TIPPS
- Restlichen Sirup in eine gut verschliessbare Flasche füllen. Im Kühlschrank 3–4 Wochen haltbar.
- Je mehr Gelatine verwendet wird, desto schneller werden Cremen, Köpfli oder Puddings fest. Wird weniger Gelatine gebraucht, muss man mehr Zeit haben und die Desserts 1–2 Tage kühl stellen. Die Kokos-Panna-cotta enthält wenig Gelatine und wird deshalb auch nicht gestürzt. Dafür schmeckt sie cremig weich.

Rhabarber-Erdbeer-Crumble

Für 4 Personen
Für eine ofenfeste Form
von 1,2–1,5 l

Butter für die Form
500 g Rhabarber wenn möglich
zarter Erdbeerrhabarber
250 g Erdbeeren
4–5 EL Zucker
1 EL Anissamen grob zerstossen
Puderzucker zum Bestäuben

STREUSEL
75 g Mehl
3–4 EL Kokosraspel
75 g Zucker
75 g flüssige Butter

ZUBEREITUNGSZEIT
ca. 20 Minuten
+ 1 Stunde ziehen lassen
+ 30–35 Minuten backen

1 Streusel: Mehl, Kokosraspel, Zucker und Butter rasch mischen. Zudecken und kühl stellen.

2 Form ausbuttern. Rhabarber frisch anschneiden. Schale nicht abziehen. Rhabarber in 2–3 cm lange Stücke schneiden. Erdbeeren mit kaltem Wasser abbrausen. Gut abtropfen lassen. Erdbeeren entstielen und je nach Grösse in Stücke schneiden. Mit Rhabarber, Zucker und Anis mischen. In die Form geben. Zudecken und 1 Stunde bei Raumtemperatur ziehen lassen.

3 Backofen auf 200 °C vorheizen. Streusel auf den Früchten verteilen. Crumble in der Ofenmitte 30–35 Minuten backen. Mit Puderzucker bestäuben. Noch heiss servieren.

Dazu passt Crème fraîche, Kokos- oder Passionsfruchtglace.

TIPP
Anissamen durch 1–2 TL frisch geriebenen Ingwer ersetzen.

SAISONVARIANTEN
• Statt Erdbeeren Birnen verwenden.
• Statt Rhabarber und Erdbeeren Aprikosen und Stachel- oder rote Johannisbeeren verwenden.

Rhabarber-Millefeuilles

Für 4 Personen
Ergibt 8 Stück

600 g Rhabarber wenn möglich
zarter Erdbeerrhabarber in gleichmässig dicken Stangen
1 cm frischer Ingwer geschält
150 g Zucker
1 TL Vanillinzucker
1 Blondorange Schale und Saft
1,5 dl Wasser
180 g griechisches Jogurt
3 EL Mandelblättchen
4 EL flüssiger Honig z. B. Akazien-
honig

MILLEFEUILLES
1 EL Zimt gemahlen
3 EL Zucker
½ Paket Strudelteig 2 Blätter, 60 g
50 g flüssige Butter

ZUBEREITUNGSZEIT
ca. 45 Minuten
+ 20–25 Minuten weich garen
+ 1 Stunde abtropfen lassen
+ 8–10 Minuten backen

1 Backofen auf 150 °C vorheizen. Rhabarber frisch anschneiden. Schale nicht abziehen. In 4–5 cm lange Stücke schneiden. In eine ofenfeste Form geben. Ingwer fein hacken. Zucker, Vanillinzucker, fein abgeriebene Orangenschale, -saft, Ingwer und Wasser aufkochen. Bei kleiner Hitze köcheln lassen, bis sich der Zucker aufgelöst hat. Über den Rhabarber giessen. 20–25 Minuten in der Ofenmitte knapp weich garen. Der Rhabarber darf auf keinen Fall verkochen. Herausnehmen und in der Flüssigkeit erkalten lassen. Bis zur Verwendung zugedeckt kühl stellen.

2 Jogurt in ein feinmaschiges Sieb geben. Zudecken und 1 Stunde im Kühlschrank abtropfen lassen. Dadurch erhält es eine cremig-feste Konsistenz. Mandelblättchen in einer beschichteten Pfanne ohne Fett rösten.

3 Millefeuilles: Backofen auf 175 °C vorheizen. Zimt und Zucker mischen. Strudelteigblätter quer halbieren. Die Hälften mit Butter bestreichen. Mit Zimtzucker bestreuen und aufeinander legen. Teig in 16 Rechtecke schneiden. Auf ein mit Backpapier belegtes Blech legen. 8–10 Minuten in der Ofenmitte backen. Herausnehmen und auskühlen lassen.

4 Je 2 Strudel-Rechtecke auf die Teller geben. Auf jedes Rechteck wenig Jogurt, Honig und Rhabarber geben, mit je 1 Rechteck bedecken. Mit Honig beträufeln und mit Mandelblättchen bestreuen. Sofort servieren.

Zitronentartelettes

Für 8–10 Törtchen
Für 8–10 Tartelettesförmchen von
8–10 cm Ø

Puderzucker zum Bestäuben
Lavendelblütenzweige zum Garnieren

MÜRBETEIG
350 g Mehl
100 g Blütenzucker mit Lavendel
(siehe Tipps)
2 Prisen Meersalz
175 g kalte Butter
1 Ei
1 Eigelb
Mehl zum Bestäuben und Auswallen
Hülsenfrüchte z. B. Soissonsbohnen
zum blind Vorbacken
1 Ei verquirlt, zum Bestreichen

FÜLLUNG
6 Eier
250–300 g Zucker
2 dl Zitronensaft frisch gepresst
(aus ca. 4 Zitronen)
6 EL Rahm

ZUBEREITUNGSZEIT
ca. 30 Minuten
+ 60 Minuten kühl stellen
+ 35–55 Minuten backen

1 Mürbeteig: Mehl, Zucker und Salz mischen. Butter in Würfelchen dazugeben. Zwischen den Händen zu einer bröseligen Masse reiben. Ei und Eigelb mischen und beifügen. Alles rasch zu einem weichen Teig zusammenfügen. Leicht mit Mehl bestäuben. Flach drücken. In Klarsichtfolie wickeln und 30 Minuten kühl stellen.

2 Teig auf leicht bemehlter Arbeitsfläche 2–3 mm dick auswallen. Kreise von 14 cm Durchmesser ausstechen. Förmchen damit auslegen. Boden dicht einstechen. Mit Backpapierkreisen bedecken. Mit Hülsenfrüchten beschweren. 30 Minuten kühl stellen.

3 Backofen auf 180 °C vorheizen. Tartelettes in der Ofenmitte 10–15 Minuten blind vorbacken. Herausnehmen. Papier samt Hülsenfrüchten entfernen. Teigboden und -rand mit Ei bestreichen. Weitere 5–10 Minuten backen. Herausnehmen und auskühlen lassen. Ofentemperatur auf 150 °C zurückstellen.

4 Füllung: Eier und Zucker kräftig verrühren. Zitronensaft und Rahm unter Rühren dazugeben. Durch ein Sieb in die vorgebackenen Tartelettes giessen. 20–30 Minuten in der Ofenmitte backen, bis die Füllung gestockt ist. Tartelettes herausnehmen und auskühlen lassen. Mit Puderzucker bestäuben. Mit Lavendelzweigen garnieren.

TIPPS
• Ein Kuchenblech von 30 cm Ø verwenden. Die letzte Backzeit verlängert sich um ca. 10 Minuten.
• Für die Herstellung von Lavendel-Blütenzucker 250 g Zucker mit 4 EL frischen oder 2 EL getrockneten Lavendelblüten mischen. 1 Woche gut verschlossen ziehen lassen. Für den Teig den Zucker samt Blüten verwenden.

SAISONVARIANTE
Zitronensaft mit Mandarinen- oder Orangensaft mischen.

Cheesecake mit Limettenconfit

Für eine Springform von 22 cm Ø
Ergibt ca. 12 Stück

BODEN
125 g Petits beurre
1 EL Puderzucker
1 Zitrone Schale
75 g flüssige Butter

FÜLLUNG
500 g Mascarpone (Raumtemperatur)
100 g Puderzucker
1–2 EL Mehl ca. 25 g
2 TL frischer Ingwer gerieben
3 Eier (Raumtemperatur)
4 EL Crème fraîche
1 Zitrone Schale und Saft
1 TL Vanillearoma
Puderzucker zum Bestäuben

LIMETTENCONFIT
3 Limetten
1 dl Wasser
50 g Zucker
2 TL rosa Pfefferkörner getrocknet

ZUBEREITUNGSZEIT
ca. 30 Minuten
+ 65–75 Minuten backen
+ 4–6 Stunden kühl stellen

1 Form mit Backpapier auskleiden. Backofen auf 180 °C vorheizen.

2 Boden: Petits beurre in einen Gefrierbeutel geben. Mit dem Wallholz zu feinen Krümeln zerstossen. Mit Puderzucker, fein abgeriebener Zitronenschale und Butter mischen. Auf dem Formenboden gleichmässig verteilen, Rand 2 cm hochziehen. 10 Minuten in der Ofenmitte backen. Herausnehmen und auskühlen lassen.

3 Füllung: Mascarpone mit dem Schwingbesen des Handrührgeräts auf kleinster Stufe kurz aufrühren. Puderzucker, Mehl und Ingwer beifügen, darunter mischen. Ein Ei nach dem anderen dazumischen. Crème fraîche, fein abgeriebene Zitronenschale, -saft und Aroma rasch darunter rühren. Masse auf dem Teigboden verteilen.

4 Cheesecake im unteren Teil des Ofens 40–45 Minuten backen. Ofen abstellen. 15–20 Minuten fertig backen. Herausnehmen. In der Form erkalten lassen. Samt Papier aus der Form nehmen. Zudecken und 4–6 Stunden kühl stellen.

5 Limettenconfit: Limettenschale mit dem Sparschäler abziehen. Limetten in feine Scheiben schneiden und auf einen Teller geben. 1–2 Schalenstreifen mit Wasser, Zucker und Pfefferkörnern sirupartig einkochen. Über die Limetten giessen. Zudecken und erkalten lassen.

6 Cheesecake leicht mit Puderzucker bestäuben. In Stücke schneiden und mit Limettenconfit servieren.

Rosenblütensorbet mit Apfelmus

Für 4–6 Personen

2 dl Mineralwasser mit Kohlensäure
75 g Zucker
½ **Tasse frische Rosenblüten** z. B.
von Duftrose, Apothekerrose
aus dem Garten, vom Markt oder
vom Gärtner
1 Zitrone Schale und Saft
2 TL Rosenwasser aus der Drogerie
oder dem Spezialitätenladen
1 Eiweiss
2 EL Zucker
frische Rosenblüten zum Garnieren

APFELMUS
750 g Äpfel z. B. Klarapfel, Gala
oder Golden Delicious
wenig Zitronensaft
wenig Butter zum Dünsten
4–6 EL Puderzucker

ZUBEREITUNGSZEIT
ca. 20 Minuten
+ 3½–6 Stunden tiefkühlen

1 Mineralwasser und Zucker aufkochen. Köcheln lassen, bis sich der Zucker aufgelöst hat. Kochend heiss über die Blüten giessen. 10 Minuten ziehen lassen. Absieben und mit fein abgeriebener Zitronenschale, -saft und Rosenwasser abschmecken.

2 Eiweiss steif schlagen. Zucker einrieseln lassen. Weiterschlagen, bis die Masse glänzt. Sorgfältig unter den Sirup mischen. Die Masse in ein Gefäss geben und 1–2 Stunden anfrieren lassen. Mit einem Schwingbesen aufrühren. Diesen Vorgang 3–4 Mal alle 30 Minuten wiederholen. Danach das Sorbet 1–2 Stunden durchfrieren lassen, bis es die Konsistenz von Softice hat.

3 Apfelmus: Äpfel vierteln, Kerngehäuse entfernen, Fruchtfleisch in Scheibchen schneiden. Mit Zitronensaft beträufeln. In Butter andünsten. Zucker darüber streuen, zudecken und bei schwacher Hitze weich kochen. Durchs Passe-vite treiben. Kühl stellen.

4 Sorbet zu Kugeln formen. Mit Apfelmus anrichten. Mit Rosenblüten garnieren.

TIPPS
• Apfelmus mit 2 EL flüssigem Rahm verfeinern.
• Sorbet nach Anweisung des Herstellers in der Glacemaschine gefrieren lassen.

Milchreis mit Safranbirnen

Dessert für 6 Personen
Süsses Nachtessen für 4 Personen

8 dl Bio-Milchdrink (teilentrahmte Milch)
1 Vanilleschote aufgeschlitzt
2–3 frische Lorbeerblätter
1 Streifen Orangenschale
1 dl Wasser
200 g Risottoreis z. B. Arborio
100 g Rohzucker
½ TL Meersalz
3–4 EL Vollmilch oder Halbrahm

SAFRANBIRNEN
2–3 Birnen z. B. Williams
3 dl Wasser
1 Zitrone Saft
75 g Zucker
1 Briefchen Safran oder 12–15 zerriebene Safranfäden
2 EL Korinthen oder Sultaninen

ZUBEREITUNGSZEIT
ca. 20 Minuten
+ 15–18 Minuten quellen lassen

1 Safranbirnen: Birnen samt Schale und Kerngehäuse längs in dünne Scheiben hobeln oder schneiden. Wasser, Zitronensaft, Zucker und Safran unter Rühren aufkochen. Köcheln lassen, bis sich der Zucker aufgelöst hat. Birnen beifügen und knapp weich kochen. Korinthen oder Sultaninen zugeben. Zudecken und auskühlen lassen.

2 Milch mit Vanilleschote, Lorbeerblättern und Orangenschale aufkochen. Bei kleiner Hitze 5 Minuten köcheln lassen. Warm stellen.

3 Wasser aufkochen. Reis unter Rühren dazugeben. Bei kleiner Hitze köcheln lassen, bis das Wasser vollständig aufgesogen ist. Warme Milch, Zucker und Salz beifügen. Bei kleiner Hitze 15–18 Minuten quellen lassen. Dabei ab und zu rühren.

4 Milchreis von der Herdplatte ziehen. Vanilleschote, Lorbeerblätter und Orangenschale entfernen. Milch oder Halbrahm darunter rühren. Mit Safranbirnen und wenig Saft anrichten.

TIPPS
• Übrig gebliebenen Birnensud zum Aromatisieren von Fruchtsalat verwenden.
• Je nach Risottosorte wird mehr oder weniger Milch benötigt.

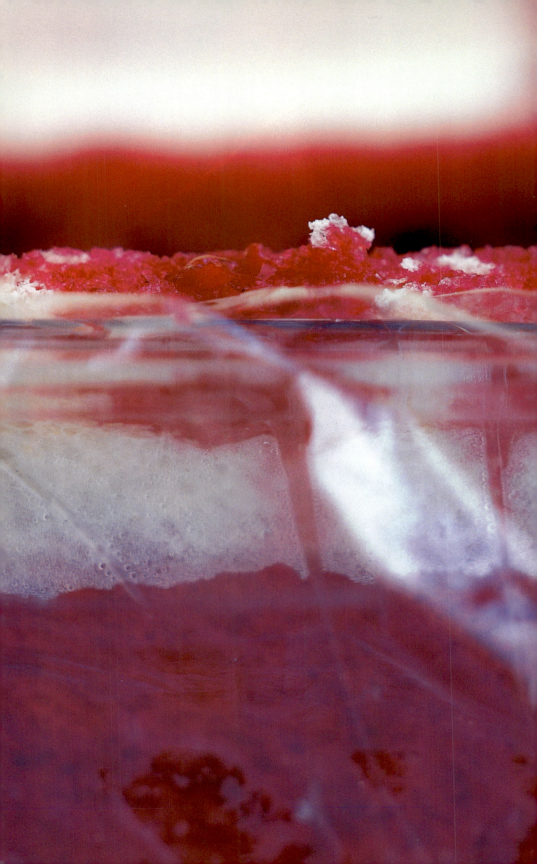

SUMMERDESSERTS

Beerenbiskuit

Für 1 Obsttortenform von 28 cm Ø
Ergibt ca. 10 Stück

Butter und Mehl für die Form
500 g gemischte Beeren z. B.
rote, schwarze und weisse Johannisbeeren, Himbeeren, Monatserdbeeren
1–2 Meringues
einige kleine Johannisbeerblättchen
zum Garnieren

BISKUITTEIG
80 g kaltes Marzipan
3 Eier
½ Zitrone Schale
1 EL lauwarmes Wasser
1 TL Vanillinzucker
1 Prise Salz
50 g Zucker
75 g Mehl
50 g flüssige Butter ausgekühlt

CREME
1,8 dl Rahm
1–2 EL Puderzucker
½ Zitrone Schale und wenig Saft

ZUBEREITUNGSZEIT
ca. 30 Minuten
+ 20–25 Minuten backen

1 Form ausbuttern, bemehlen und kühl stellen.
Backofen auf 180 °C vorheizen.

2 Biskuitteig: Marzipan reiben. Eier trennen. Eigelb
mit Marzipan, fein abgeriebener Zitronenschale,
Wasser und Vanillinzucker mit einem Rührgerät zu
einer hellen Creme aufschlagen. Eiweiss mit Salz
steif schlagen, Zucker einrieseln lassen. Weiterschlagen, bis die Masse glänzt. Eischnee mit Mehl
abwechslungsweise auf die Eigelbmasse geben.
Locker darunter heben. Butter beifügen und rasch
darunter mischen. Teig in die Form verteilen, glatt
streichen. Im unteren Teil des Ofens 20–25 Minuten backen. Herausnehmen und etwas abkühlen
lassen. Auf ein Gitter stürzen.

3 Creme: Kurz vor dem Servieren Rahm mit Puderzucker steif schlagen. Mit fein abgeriebener Zitronenschale und etwas -saft aromatisieren. Rahm
auf dem Biskuit verteilen, Beeren dicht darauf
häufen. Meringues an einem kleinen Metallsieb darüber reiben. Beerenbiskuit in Stücke schneiden
und anrichten. Mit Johannisbeerblättchen garnieren.

SAISONVARIANTE
Statt Johannisbeeren, Himbeeren und Erdbeeren
Blaubeeren oder kernlose Trauben verwenden.

Rote Grütze mit Vanillesauce

Für 4 Personen

450 g Beeren z. B. Himbeeren, rote
und schwarze Johannisbeeren,
Brombeeren, Stachelbeeren
150 g Sauerkirschen
2,5 dl Wasser
½ Zitrone Schale
30–40 g Tapiokaperlen aus dem
Reformhaus (siehe Tipps)
4 EL kräftiger Rotwein z. B. Burgunder
100 g Zucker

VANILLESAUCE
1,5 dl Rahm
1 dl Milch
1 Vanilleschote aufgeschlitzt
2 Eigelb
1 EL Zucker

ZUBEREITUNGSZEIT
ca. 20 Minuten
+ 25–35 Minuten köcheln lassen
+ 2–4 Stunden kühl stellen

1 Beeren verlesen, Johannisbeeren von den Rispen
streifen. Sauerkirschen entstielen, nach Belieben
entsteinen.

2 150 g gemischte Beeren mit Wasser und fein
abgeriebener Zitronenschale bei kleiner Hitze
5 Minuten köcheln lassen. Durch ein Sieb streichen. Mit Wasser auf 5 dl Flüssigkeit ergänzen.
Tapioka, Rotwein und 75 g Zucker beifügen.
20–30 Minuten bei kleiner Hitze köcheln lassen.

3 Restliche Beeren und Sauerkirschen beifügen,
kurz ziehen lassen. In eine Schüssel geben. Mit
restlichem Zucker bestreuen. Auskühlen lassen.
Dann zudecken und 2–4 Stunden kühl stellen.

4 Vanillesauce: Rahm, Milch und Vanilleschote aufkochen. Eigelb und Zucker schaumig rühren. Va-
nillerahm unter Rühren zur Eimasse geben. Alles in
die Pfanne zurückgiessen. Unter Rühren bis knapp
vor den Siedepunkt erhitzen. Erkalten lassen. Rote
Grütze anrichten. Mit Vanillesauce servieren.

TIPPS
- Die Verwendung von Tapioka, einer stärkehaltigen
  Substanz aus der Wurzel der Cassava-Pflanze
  (Maniok), empfiehlt sich, weil sich dadurch die
  Farbe des Gerichts beim Kochen nicht verändert.
  Die Tapiokaperlen werden glasig und binden
  gleichzeitig die Flüssigkeit.
- An Stelle von Tapioka 25 g Maisstärke (mit dem
  Wein glatt gerührt) oder feinen Griess zum Bin-
  den verwenden.

VARIANTE
Statt Vanillesauce Sauerrahm zur Grütze servieren.

Baisertörtchen mit Beeren

Für 1 Muffinblech
mit 12 Vertiefungen
Ergibt 12 Stück

24 Papierförmchen

250 g Monatserdbeeren oder
Himbeeren
Puderzucker zum Süssen und
Bestäuben
100 g Doppelrahm
100 g Crème fraîche

BAISER (MERINGUE)
5 Eiweiss ca. 175 g
½ TL Salz
1 TL Weissweinessig
1 TL Vanillearoma
250 g Zucker
2 TL Maisstärke
1–2 EL frische Blütenblätter
z. B. Malve, Goldmelisse

ZUBEREITUNGSZEIT
ca. 30 Minuten
+ 2 Stunden backen

1 Jede Vertiefung des Muffinblechs mit einer doppelten Lage Papierförmchen auslegen. Backofen auf 110 °C vorheizen.

2 Eiweiss, Salz, Essig und Vanillearoma in der Küchenmaschine steif schlagen. Zucker nach und nach einrieseln lassen. Weiterschlagen, bis die Masse glänzt und sehr fest ist. Maisstärke und Blütenblätter locker darunter mischen. Masse in die Förmchen verteilen, sodass sie weit über den Rand der Förmchen ragt, aber das Blech nicht berührt. Im unteren Teil des Ofens 2 Stunden backen. Herausnehmen und auskühlen lassen.

3 Baisertörtchen (im Papier) in der Mitte quer durchschneiden. Beeren leicht mit Puderzucker süssen. Doppelrahm aufschlagen, bis er fest ist. Mit Crème fraîche mischen. Zusammen mit den Beeren in die Törtchen füllen. Deckel aufsetzen. Mit Puderzucker bestäuben.

TIPP
Statt Blütenblätter ½ TL zerstossenen getrockneten rosa Pfeffer verwenden.

SAISONVARIANTE
Johannisbeeren oder gemischte Beeren verwenden.

Roter Beerenpudding

Für 4–6 Personen
Für 1 Cakeform aus Glas oder
beschichtet von 1,2 l

250 g rote Johannisbeeren
100–150 g Zucker
750 g gemischte Beeren z. B. Himbeeren, Brombeeren, Heidelbeeren,
Erdbeeren
1 EL Zitronensaft
1 Prise Salz
Sonnenblumenöl für die Form
18 Scheiben Toastbrot (Pain carré),
ca. 400 g
100 g Sauermilch

ZUBEREITUNGSZEIT
ca. 20 Minuten
+ 8–12 Stunden ziehen lassen

1 8–12 Stunden im Voraus: Johannisbeeren von
den Rispen zupfen. Mit Zucker mischen und
5 Minuten zugedeckt köcheln lassen. Von der Herdplatte ziehen. Gemischte Beeren verlesen, je
nach Grösse in Stücke schneiden. Mit Zitronensaft
und Salz zu den Johannisbeeren geben und auskühlen lassen.

2 Form einölen und mit Klarsichtfolie auskleiden.
Toastbrot entrinden.

3 Boden und Wände der Form mit Brotscheiben
belegen. Mit etwas Beerensaft benetzen. Die Hälfte
der Beerenmischung samt Saft darauf geben.
Mit einem Löffel flach drücken. Mit einer Lage Brot
bedecken. Restliche Beeren samt allem Saft darauf geben. Restliche Brotscheiben darauf legen.
Mit Folie bedecken und beschweren (am besten
mit 5-dl-Tetrapak). 8–12 Stunden im Kühlschrank
durchziehen lassen.

4 Pudding aus der Form heben. In Scheiben schneiden. Mit Sauermilch servieren.

TIPP
Das Wichtigste bei der Zubereitung des roten
Beerenpuddings ist, dass die Brotscheiben
den Beerensaft vollständig aufsaugen. Toastbrot
ist dafür besonders gut geeignet. Es können
aber auch hausgemachtes Weissbrot, altbackener
Zopf oder Einback verwendet werden.

Kir-Sorbet

Für 4 Personen

250 g gemischte Johannisbeeren
rote, weisse und schwarze
wenig Puderzucker zum Süssen
Duftgeranienblättchen und -blüten
nach Belieben zum Garnieren

SORBET
400 g schwarze Johannisbeeren
(Cassis)
2 dl Prosecco oder Champagner
150 g Zucker
2–3 Duftgeranienblättchen z. B.
Zitronengeranium
1 Limette Schale und Saft

ZUBEREITUNGSZEIT
ca. 15 Minuten
+ 30 Minuten ziehen lassen
+ 1 Stunde kühl stellen
+ 3½–6 Stunden tiefkühlen

1 Sorbet: Schwarze Johannisbeeren von den Rispen streifen. Prosecco oder Champagner mit Zucker 5 Minuten köcheln lassen. Duftgeranienblätter und Johannisbeeren beifügen. Von der Herdplatte ziehen. Zugedeckt 30 Minuten ziehen lassen.

2 Duftgeranienblätter aus dem Sirup entfernen. Sirup samt Beeren pürieren. Durch ein Sieb streichen. Mit wenig fein abgeriebener Limettenschale und -saft abschmecken. 1 Stunde kühl stellen.

3 Püree in ein Gefäss geben, 1–2 Stunden anfrieren lassen. Dann mit einem Schwingbesen aufrühren. Vorgang 3–4 Mal alle 30 Minuten wiederholen. Danach das Sorbet 1–2 Stunden durchfrieren lassen, bis es die Konsistenz von Softice hat. Gläser vorkühlen, damit das cremige Sorbet nicht zu schnell flüssig wird.

4 Gemischte Johannisbeeren von den Rispen streifen. Mit Puderzucker mischen. Mit dem Sorbet in die vorbereiteten Gläser verteilen. Mit Duftgeranienblättchen und -blüten garnieren.

TIPP
Sorbet nach Anweisung des Herstellers in der Glacemaschine gefrieren lassen.

Kirschenflan

Für 4 Personen
Für 4 Puddingförmchen à 2,5 dl

500 g Kirschen
2 EL Kirsch
150 g Zucker
2 dl Milch
2 EL Rahm
1 Zitrone Schale
3 Eier
2 Eigelb
1 EL Olivenöl

KARAMELL
100 g Zucker
3 EL Wasser
1 TL Zitronensaft

ZUBEREITUNGSZEIT
ca. 30 Minuten
+ 30–40 Minuten pochieren
+ ca. 2 Stunden kühl stellen

1 Karamell: Zucker, Wasser und Zitronensaft unter Rühren aufkochen. Bei mittlerer Hitze hell karamellisieren. In die Förmchen giessen und unter Schwenken verteilen.

2 Kirschen entsteinen. 200 g Kirschen, Kirsch und 1 EL Zucker bei kleiner Hitze 5 Minuten köcheln. Kirschen gut abtropfen lassen, in die Förmchen verteilen.

3 Milch, Rahm und fein abgeriebene Zitronenschale aufkochen. Von der Herdplatte ziehen. 10 Minuten ziehen lassen. 120 g Zucker, Eier und Eigelb verrühren. Nach und nach zur Milch mischen. Durch ein Sieb in die Förmchen giessen. Ein Blech in die Mitte des Ofens einschieben, Wasser ca. 2 cm hoch hineingiessen. Backofen auf 150–160 °C vorheizen.

4 Förmchen mit Alufolie zudecken. Auf das Blech ins Wasser stellen, wenn nötig heisses Wasser nachgiessen. 30–40 Minuten pochieren. Förmchen aus dem Ofen nehmen. Auskühlen lassen, dann ca. 2 Stunden kühl stellen.

5 Vor dem Servieren Olivenöl erhitzen. Restliche Kirschen mit restlichem Zucker beifügen. Unter Wenden rasch braten. Alufolie von den Flans entfernen und diese auf Teller stürzen. Gebratene Kirschen dazuservieren.

TIPPS
- Flans bleiben schöner in Form, wenn sie kalt sind.
- Ränder mit einem spitzen Messer sorgfältig lösen und Flans auf Teller stürzen.
- Förmchen nach dem Stürzen in heisses Wasser stellen, damit das feste Karamell flüssig wird. Dieses über die Flans träufeln.

Kirschen im Ausbackteig

Für 4 Personen

500 g gemischte Kirschen mit Stiel,
z. B. gelbe und schwarze Kirschen,
Sauerkirschen
Kokosfett zum Ausbacken
wenig Eiweiss verquirlt, zum Wenden
Mehl zum Bestäuben
1–2 TL Zimt gemahlen
1 EL Zucker

AUSBACKTEIG
2 Eier
100 g Mehl
1 TL Trockenhefe
1 dl eiskalter Weisswein oder
Apfelmost
3 EL flüssige Butter ausgekühlt
1 Prise Salz
2 EL Zucker

ZUBEREITUNGSZEIT
ca. 40 Minuten
+ 30 Minuten ruhen lassen

1 Ausbackteig: Eier trennen. Eiweiss kühl stellen. Mehl und Trockenhefe in eine Schüssel geben. In die Mitte eine Vertiefung drücken. Eigelb und Wein oder Most hineingiessen. Mit dem Mehl glatt rühren. Butter dazurühren. Teig zudecken und 30 Minuten bei Raumtemperatur ruhen lassen.

2 Kirschen waschen. Auf Haushaltspapier abtropfen lassen. Jeweils 3–4 Kirschen am Stiel mit Küchenschnur zusammenbinden.

3 Kurz vor dem Servieren beiseite gestelltes Eiweiss mit Salz steif schlagen. Zucker einrieseln lassen. Weiterschlagen, bis die Masse glänzt. Locker unter den Ausbackteig mischen. Kokosfett auf 180 °C erhitzen.

4 Kirschen zuerst im verquirlten Eiweiss wenden, dann mit Mehl bestäuben. Anschliessend in den Teig tauchen und abtropfen lassen. Portionenweise im heissen Fett halb schwimmend ausbacken (siehe Tipp). Mit einer Schaumkelle herausnehmen, auf Haushaltspapier abtropfen lassen. Zimt und Zucker mischen. Kirschen mit Zimtzucker bestreuen und sofort servieren.

TIPP
Zum Ausbacken kleinerer Mengen, z. B. der Kirschen, reicht eine Bratpfanne mit hohem Rand. Das Fett sollte etwa 4 cm hoch stehen, maximal jedoch ¾ der Pfannenhöhe. Beim Ausbacken kann es sonst über den Pfannenrand schwappen.

SAISONVARIANTE
Statt Kirschen ganze Erdbeeren, Pfirsichschnitze oder mit Marzipan gefüllte Zwetschgen oder Aprikosen ausbacken.

Süss-salzige Pflümlitarte

Für 1 Pie-Form von 25 cm Ø
Ergibt ca. 8 Stück

MÜRBETEIG
½ Zitrone Schale
2 EL Rohzucker gemahlen
200 g Mehl
2 Msp. Backpulver
100 g gesalzene, kalte Butter
1 Eigelb
1–2 EL eiskalter Rahm
wenig Mehl zum Auswallen

BELAG
750 g Pflümli z. B. Mirabellenpflümli
2 EL gesalzene Butter
2 Msp. Meersalz
1 EL Rohzucker
Puderzucker zum Bestäuben

ZUBEREITUNGSZEIT
ca. 20 Minuten
+ 50–60 Minuten kühl stellen
+ 25–30 Minuten backen

1 Mürbeteig: Fein abgeriebene Zitronenschale mit dem Zucker von Hand verreiben, bis der Zucker feucht wird. Das feine Zitronenaroma überträgt sich so auf den Zucker. Mit Mehl und Backpulver mischen. Butter in Würfelchen dazugeben. Zwischen den Händen zu einer bröseligen Masse reiben. Eigelb und Rahm beifügen. Alles rasch zu einem Teig zusammenfügen. Flach drücken. In Folie wickeln und 30 Minuten kühl stellen.

2 Formenboden mit Backpapier auslegen. ⅔ des Teigs auf leicht bemehlter Arbeitsfläche rund auswallen. Formenboden damit belegen. Restlichen Teig zu einer Rolle (Länge = Umfang der Form) formen. An den Formenrand legen, an- und am Rand hochdrücken. Boden mit einer Gabel dicht einstechen. 20–30 Minuten kühl stellen.

3 Belag: Backofen auf 200 °C vorheizen. Pflümli halbieren und entsteinen. Butter schmelzen. Früchte, Salz und Zucker beifügen und mischen. Auf dem Teigboden verteilen. 25–30 Minuten im unteren Teil des Ofens backen. Herausnehmen. Rand mit Puderzucker bestäuben. Die Tarte sieht während des Backens sehr feucht aus, doch der Saft geliert gut. Vor dem Aufschneiden kurz stehen lassen. Lauwarm servieren.

TIPP
Den Teig zuerst 10–15 Minuten blind vorbacken (siehe Seite 22). Erst dann belegen und 20–25 Minuten fertig backen.

SAISONVARIANTE
Statt Pflümli Kirschen oder Mirabellen verwenden.

Aprikosenterrine mit Johannisbeeren

Für 4–6 Personen
Für 1 Porzellan-Cakeform von 1 l
respektive ca. 20 cm

100 g gemischte Johannisbeeren rot,
weiss und schwarz, zum Garnieren

TERRINE
5 Blatt Gelatine
500 g reife Aprikosen
5 EL Zucker
1 Zitrone Saft
100 g rote Johannisbeeren
1 EL Vanillezucker
1 EL Abricotine oder Rum
Sonnenblumenöl für die Form
150 g Crème fraîche oder
Schafmilchquark
2 Eiweiss
1 EL Zucker

ZUBEREITUNGSZEIT
ca. 40 Minuten
+ 4$\frac{1}{2}$–6$\frac{1}{2}$ Stunden kühl stellen

1 Für die Terrine die Gelatine in reichlich kaltem Wasser einweichen. Aprikosen halbieren, entsteinen und klein schneiden. Mit Zucker und Zitronensaft mischen. Zugedeckt bei kleiner Hitze weich kochen und pürieren. Püree erhitzen. Gelatine gut auspressen und im heissen Püree auflösen. Auskühlen lassen.

2 Johannisbeeren von den Rispen zupfen. Mit Vanillezucker und Abricotine oder Rum mischen und zudecken. 30 Minuten kühl stellen. Form mit Öl auspinseln, ölen, mit Klarsichtfolie auskleiden und kühl stellen. Crème fraîche oder Schafmilchquark unter das Aprikosenpüree rühren. Zudecken und bis zur Weiterverwendung kühl stellen.

3 Eiweiss steif schlagen. Zucker einrieseln lassen. Weiterschlagen, bis die Masse glänzt. Locker unter das Aprikosenpüree heben. Die Hälfte in die Form geben. Johannisbeeren darauf streuen und mit dem restlichen Püree bedecken. Zudecken und 4–6 Stunden kühl stellen.

4 Terrine 15–20 Minuten vor dem Servieren aus dem Kühlschrank nehmen. Aus der Form heben. Mit kalt abgespültem Messer in Scheiben schneiden. Anrichten und mit Johannisbeeren garnieren.

Dazu passt Doppelrahm.

TIPPS
• Die Terrine schmeckt aromatischer, wenn sie nicht eiskalt serviert wird.
• Wird die Aprikosenmasse nur mit 2–3 Blättern Gelatine gebunden, erhält man eine Mousse. Davon zum Servieren mit zwei kalt abgespülten Löffeln Nocken abstechen.

SAISONVARIANTE
Statt Aprikosen Zwetschgen oder Mirabellen verwenden. Zuckermenge dem Reifegrad der Früchte anpassen.

Himbeerglace-Sandwiches

Ergibt 10 Stück

Minze zum Garnieren

GLACE
5 dl Milch
1,8 dl Rahm
½ Vanilleschote aufgeschlitzt
2–3 Minzezweige z. B. Marokkanische Minze oder Krauseminze
100 g Zucker
2 EL Maisstärke
1 Eigelb verquirlt
150 g Himbeeren gelbe oder rote

MÜRBETEIG (20 RONDELLEN)
100 g Mehl
100 g Puderzucker
40 g Reismehl oder Maisstärke
40 g Kakaopulver
¼ TL Meersalz
125 g kalte Butter

ZUBEREITUNGSZEIT
ca. 40 Minuten
+ 3½–6 Stunden tiefkühlen
+ 55 Minuten kühl stellen
+ 12–15 Minuten backen

1 Glace: 3 dl Milch, Rahm, Vanilleschote und Minzezweige aufkochen. Sobald die Flüssigkeit steigt, Pfanne von der Herdplatte ziehen. Restliche Milch mit Zucker und Maisstärke verrühren. Unter Rühren zur heissen Milch geben. Pfanne auf die Herdplatte zurückstellen. Unter Rühren köcheln, bis die Creme gebunden ist. 1–2 dl heisse Creme zum Eigelb und danach zurück zur restlichen Creme rühren. Unter Rühren bis knapp vor den Siedepunkt erhitzen. Durch ein Sieb passieren. Abkühlen lassen.

2 Himbeeren pürieren. Durch ein Sieb passieren. Unter die Creme mischen. Masse in einer Alucakeform 1–2 Stunden anfrieren lassen. Dann mit einem Schwingbesen aufrühren. Diesen Vorgang 3–4 Mal alle 30 Minuten wiederholen. Danach die Glace 1–2 Stunden durchfrieren lassen.

3 Mürbeteig: Mehl, Puderzucker, Reismehl oder Maisstärke, Kakaopulver und Salz mischen. Butter in Würfelchen dazugeben. Zwischen den Händen zu einer bröseligen Masse reiben. Rasch zu einem Teig zusammenfügen. Flach drücken. In Folie wickeln und 30 Minuten kühl stellen.

4 Teig zwischen Backpapier 4 mm dick auswallen, 15 Minuten kühl stellen. Rondellen von 6 cm Ø ausstechen. Auf Backpapier legen. Dicht einstechen und erneut 10 Minuten kühl stellen. Backofen auf 160 °C vorheizen. Rondellen samt Papier aufs Blech ziehen. In der Ofenmitte 12–15 Minuten backen. Herausnehmen. Auf dem Blech auskühlen lassen.

5 Glace in 2 cm dicke Scheiben schneiden. Kreise von 6 cm Ø ausstechen. Zwischen zwei Rondellen klemmen. Bis zum Servieren in den Tiefkühler legen. Mit Minze garnieren.

TIPP
Glace nach Anweisung des Herstellers in einer Glacemaschine gefrieren und in einer Alucakeform durchfrieren lassen.

Sommerfrüchte vom Grill mit Lavendel-Vanillecreme

Für 4 Personen

Bratbutter für die Form
400–600 g Sommerfrüchte z. B.
Pfirsiche, Nektarinen, Aprikosen,
Pflaumen
Zitronensaft zum Bepinseln
Blütenzucker (siehe Tipp Seite 30)
Lavendelblütenzweige zum
Garnieren

LAVENDEL-VANILLECREME
1–2 Zweige Lavendelblüten
6 dl Milch
1 EL Maisstärke
½ Vanilleschote aufgeschlitzt
1 Streifen Zitronenschale
3 Eigelb
4 EL Zucker

ZUBEREITUNGSZEIT
ca. 20 Minuten
+ 2 Stunden kühl stellen

1 Lavendel-Vanillecreme: Lavendelzweige in kochendem Wasser kurz blanchieren. 1 dl Milch mit der Maisstärke verrühren. Mit restlicher Milch, Lavendel, Vanilleschote und Zitronenschale unter Rühren aufkochen. 5 Minuten bei kleiner Hitze ziehen lassen. Eigelb und Zucker schaumig rühren. 2 dl heisse Milch zur Schaummasse rühren und zurück in die Pfanne giessen. Unter ständigem Rühren bis knapp vor den Siedepunkt erhitzen. Durch ein Sieb in eine Schüssel passieren. Klarsichtfolie direkt auf die heisse Creme legen. Oberfläche komplett bedecken, damit die Creme keine Haut bekommt. Auskühlen lassen und 2 Stunden kühl stellen.

2 Eine Aluschale mit Bratbutter bepinseln. Früchte halbieren und entsteinen. Schnittflächen mit Zitronensaft bepinseln. In den Zucker drücken. Kurz vor dem Servieren mit der gezuckerten Seite nach unten in der Aluschale oder auf einer Grillplatte bei mässiger Hitze 1–2 Minuten grillieren. Wenden und auf der anderen Seite braten, bis die Früchte knapp weich sind.

3 Früchte anrichten, mit Lavendel garnieren und noch warm servieren. Vanillecreme separat dazuservieren.

TIPP
Früchte in Bratbutter in der Bratpfanne unter Wenden braten. Oder in eine ausgebutterte ofenfeste Form geben und im oberen Teil des auf 220 °C vorgeheizten Backofens golden braten.

Süsser Gazpacho mit Mascarponeglace

Für 4 Personen

ca. 600 g gemischte Früchte und Beeren z. B. Melonen, Pfirsiche, Nektarinen, Aprikosen, Himbeeren
2–3 Meringues oder Löffelbiskuits
Kapuzinerkresseblüten zum Garnieren

GLACE
250 g Mascarpone
2,5 dl Milch
150 g Zucker
½ Limette Schale und Saft

SIRUP
2,5 dl Lambrusco oder Mineralwasser mit Kohlensäure
100 g Zucker
1 Zimtstange
2 Streifen Orangenschale

ZUBEREITUNGSZEIT
ca. 20 Minuten
+ 3½–6 Stunden tiefkühlen

1 Glace: Mascarpone mit der Milch glatt rühren. Zucker, fein abgeriebene Limettenschale und -saft beifügen und mischen. Masse in ein Gefäss geben und 1–2 Stunden anfrieren lassen. Mit einem Schwingbesen aufrühren. Diesen Vorgang 3–4 Mal alle 30 Minuten wiederholen. Danach die Glace 1–2 Stunden durchfrieren lassen.

2 Sirup: 1,5 dl Lambrusco oder Mineralwasser, Zucker, Zimt und Orangenschale aufkochen. 5 Minuten bei kleiner Hitze köcheln lassen. Pfanne von der Herdplatte ziehen. Sirup auskühlen lassen.

3 Früchte in Stücke oder Würfel schneiden, Beeren ganz lassen. Meringues oder Löffelbiskuits fein zerbröseln. Mit ⅔ der Früchte-Beeren-Mischung pürieren. Sirup beifügen. Zudecken und 2 Stunden kühl stellen.

4 Vor dem Servieren: Fruchtpüree mit restlichem Lambrusco oder Mineralwasser mischen und anrichten. Restliche Früchte-Beeren-Mischung darauf verteilen. Je 1 Kugel Glace darauf setzen. Mit Blüten garnieren.

TIPP
Glace nach Anweisung des Herstellers in der Glacemaschine gefrieren lassen.

Minzecreme mit Biscotti

Für 4 Personen

CREME
5 dl Halbrahm
6–8 Minzezweige z. B. Marokkanische Minze oder Krauseminze
1 Streifen Zitrusschale z. B. von Orange oder Zitrone
5 Eiweiss
4–5 EL Zucker
4 EL Halbrahm

BISCOTTI (CA. 40 STÜCK)
250 g Mehl
50 g Kakaopulver
1,5 TL Backpulver
175 g Zucker
2 Prisen Salz
150 g Haselnüsse
3 grosse Eier verquirlt
Mehl zum Formen

ZUBEREITUNGSZEIT
ca. 40 Minuten
+ 30 Minuten ziehen lassen
+ gut 4 Stunden kühl stellen
+ 60–80 Minuten backen und
  trocknen lassen

1 Creme: Halbrahm aufkochen. Sobald er kocht, Minze und Zitrusschale beifügen und in den Rahm tauchen. Pfanne von der Herdplatte ziehen. Zudecken und 30 Minuten ziehen lassen. Rahm durch ein feines Sieb passieren. Minze im Sieb gut auspressen. Rahm zudecken und kühl stellen.

2 Eiweiss, Zucker und 4 EL Halbrahm verrühren. Aromatisierten Rahm aufkochen. Unter Rühren zum Eiweiss geben. In die Pfanne zurückgeben. Unter Rühren bis knapp vor den Siedepunkt erhitzen. Dann in einem Eiswasserbad (siehe Tipp Seite 14) kalt schlagen. In Gläser oder Schalen anrichten. Zudecken und gut 4 Stunden kühl stellen.

3 Biscotti: Backofen auf 160 °C vorheizen. Mehl, Kakaopulver, Backpulver, Zucker, Salz und Haselnüsse mischen. Eier beifügen. Rasch zu einem Teig zusammenfügen. In zwei Portionen teilen. Auf bemehlter Arbeitsfläche zu ca. 30 cm langen Broten formen. Nebeneinander auf ein mit Backpapier belegtes Blech legen. In der Ofenmitte 40–50 Minuten backen. Herausnehmen und auskühlen lassen. In 1 cm dicke Scheiben schneiden. Ofen nochmals auf 160 °C vorheizen. Biscotti aufs Blech legen. In der Ofenmitte unter einmaligem Wenden 20–30 Minuten trocknen lassen.

4 Creme mit Biscotti servieren.

TIPPS
- Übrig gebliebene Biscotti sind in einer gut verschliessbaren Dose 3–4 Wochen haltbar.
- Für das Aromatisieren von Milch oder Rahm mit Kräutern gilt: Je fetthaltiger die Flüssigkeit, desto mehr Aroma bleibt haften. Wichtig ist, dass die Kräuter in der Flüssigkeit nicht gekocht werden, sondern nur ziehen. Sonst schmeckt die Speise oft grasig.

Melonensalat mit Borretschblüten

Für 4 Personen

1 Charantais- oder Netzmelone
halbiert
1 Galiamelone halbiert
1 Schnitz Wassermelone ca. 600 g
150 g rote Johannisbeeren
1 Hand voll frische Borretschblüten
zum Garnieren

SIRUP
1 dl Wasser
60 g Zucker
1 Limette Schale und Saft
2 Prisen Salz
1 Msp. Curry oder Kurkuma (Gelbwurz)

ZUBEREITUNGSZEIT
ca. 20 Minuten

1 Melonen entkernen. Mit dem Kugelausstecher das Fleisch herauslösen, ergibt ca. 800 g Kugeln. Restliches Fruchtfleisch, das nicht mehr zu Kugeln geformt werden kann, mit einem Löffel herausschaben und pürieren. Kugeln und Püree zudecken und separat kühl stellen.

2 Sirup: Wasser, Zucker, fein abgeriebene Limettenschale, -saft, Salz und Curry oder Kurkuma 5–10 Minuten köcheln lassen. Auskühlen lassen. Mit dem Melonenpüree mischen.

3 Melonenkugeln, Johannisbeeren und Sirup mischen. Anrichten und mit Borretschblüten bestreuen.

TIPPS
• Melonenschalen als Serviergefäss verwenden.
• Borretschblüten gibts im Sommer im Garten oder auf dem Markt.
• Statt Borretschblüten Basilikumblüten verwenden.

Granita al caffè mit Holunderlikörschaum

Für 4 Personen

4 dl heisser Espresso frisch aufgebrüht
100 g Zucker
2 TL Zitronensaft
25 g dunkle Schokolade
1,2 dl Rahm eiskalt
2–3 TL Puderzucker
2–3 EL Sambuca (Holunderlikör)

ZUBEREITUNGSZEIT
ca. 15 Minuten
+ 2½–3 Stunden tiefkühlen

1 Espresso mit Zucker und Zitronensaft mischen, verrühren, bis der Zucker aufgelöst ist. 2 Stunden kühl stellen.

2 Kalten Espresso in ein Gefäss geben, 1 Stunde anfrieren lassen. Dann mit einem Schwingbesen aufrühren. Vorgang 3–4 Mal alle 30 Minuten wiederholen, bis die Masse wie Sulzschnee gefroren ist. 4 Gläser oder Schalen kühl stellen.

3 Espressosulz 15–20 Minuten vor dem Servieren im Kühlschrank antauen lassen. Schokolade mit dem Sparschäler fein hobeln. Rahm mit Puderzucker und Sambuca mischen und steif schlagen.

4 Espressosulz mit der Gabel abschaben. Granita in die vorgekühlten Gläser oder Schalen geben. Rahm darauf verteilen. Mit Schokoladenraspeln garnieren. Sofort servieren.

SAISONVARIANTE
Statt Espresso frischen Beerensaft verwenden: Dafür die Beeren mit wenig Wasser aufkochen, bis die Beerenhäutchen platzen. Durch ein Sieb passieren. Mit Zucker und Zitronensaft abschmecken.

HERBSTDESSERTS

Brombeerpudding

Für 4–6 Personen
Für 4–6 Förmchen à 2–2,5 dl

Butter für die Förmchen
300 g Brombeeren
50 g weiche Butter
50 g Zucker
1 Prise Salz
einige Tropfen Bittermandelaroma
oder Vanillearoma
2 Eier
125 g Mehl
¼ TL Backpulver
5–6 EL Milch oder Halbrahm, nicht
direkt aus dem Kühlschrank

ZUBEREITUNGSZEIT
ca. 20 Minuten
+ 25–30 Minuten pochieren

1 Förmchen ausbuttern. Boden mit Brombeeren belegen (nur eine Lage). Restliche Beeren für die Garnitur beiseite stellen. Backofen auf 175 °C vorheizen. Blech in den unteren Teil des Ofens einschieben und heiss werden lassen.

2 Pudding: Butter glatt rühren. Zucker, Salz und Aroma beifügen und schaumig rühren. Ein Ei nach dem anderen beigeben. Zu einer hellen, cremigen Masse aufschlagen. Mehl und Backpulver mischen. Mit der Milch oder dem Halbrahm rasch unter die Schaummasse ziehen. Bis ca. 1 cm unter den Rand in die Förmchen füllen. Mit Alufolie zudecken und aufs Blech stellen. Heisses Wasser so hoch wie möglich ins Blech einfüllen.

3 Puddings 25–30 Minuten im Ofen pochieren. Herausnehmen, Alufolie entfernen. Puddings etwas abkühlen lassen, dann stürzen. Noch lauwarm servieren. Mit restlichen Brombeeren garnieren.

Dazu passt Vanillesauce (siehe Seite 42) oder Vanilleglace.

SAISONVARIANTE
Statt Brombeeren Blaubeeren verwenden.

Birnen-Mohn-Strudel

Für 1 Strudel
Ergibt ca. 8 Stück

STRUDELTEIG
150 g Mehl
1 Ei verquirlt
25 g flüssige Butter ausgekühlt
oder 2–3 EL Olivenöl
2 EL lauwarmes Wasser
1 Prise Salz
3 EL flüssige Butter zum Bepinseln
Mehl zum Auswallen
Puderzucker zum Bestäuben

FÜLLUNG
600 g Birnen z. B. Gute Luise,
Conférence
½ Zitrone Schale und Saft
40 g Butter
40 g frische Brotbrösmeli kein
Paniermehl (siehe Tipp Seite 80)
4 EL Zucker
4 EL Mohnsamen
2 EL Baumnüsse gehackt
1 Msp. Nelkenpulver
wenig Muskatnuss frisch gerieben

ZUBEREITUNGSZEIT
ca. 45 Minuten
+ 30–35 Minuten backen

1 Strudelteig: Mehl auf eine Arbeitsfläche häufen. In die Mitte eine Mulde drücken. Ei, Butter oder Olivenöl, Wasser und Salz hineingeben. Rasch zu einem Teig zusammenfügen. Kneten, bis der Teig glatt und elastisch ist. Zu einer Kugel formen. Mit wenig Butter bepinseln. In Klarsichtfolie wickeln und 30 Minuten bei Raumtemperatur ruhen lassen.

2 Füllung: Birnen nach Belieben schälen, vierteln und das Kerngehäuse entfernen. Fruchtfleisch in Stückchen schneiden. Sofort mit fein abgeriebener Zitronenschale und -saft mischen. Zugedeckt beiseite stellen. Butter in einer weiten Pfanne schmelzen. Brotbrösmeli darin bei mittlerer Hitze unter Wenden hell rösten. Zucker, Mohn, Nüsse und Gewürze beifügen, kurz erhitzen. Auskühlen lassen.

3 Backofen auf 200 °C vorheizen. Strudelteig auf bemehltem Backpapier dünn auswallen. Mit flüssiger Butter bestreichen. Dann von Hand vorsichtig ausziehen (ca. 30 x 40 cm), dabei von der Mitte her nach aussen arbeiten. Brösmeligemisch und Birnen auf ⅔ der Teigfläche verteilen. Einen 2 cm breiten Rand frei lassen. Schmale Seiten einschlagen. Strudel mit Hilfe des Backpapiers aufrollen. Samt Papier auf ein Blech legen. Mit flüssiger Butter bepinseln. In der Ofenmitte 30–35 Minuten backen. Herausnehmen. Nochmals mit Butter bestreichen und dick mit Puderzucker bestäuben.

Dazu passt Vanillesauce (siehe Seite 42).

TIPP
Birnen mit weicher Schale nicht schälen. Das verleiht dem Strudel Biss und Aroma.

SAISONVARIANTE
Birnen durch Äpfel, z. B. Boskop oder Jonathan, Zwetschgen oder Aprikosen ersetzen. Bei den Zwetschgen den Mohn weglassen, dafür mehr Baumnüsse, bei den Aprikosen statt Baumnüsse Mandelblättchen verwenden.

Espressobirnen

Für 4 Personen

4–8 feste Birnen z. B. Gute Luise,
Williams, Guyot
wenig Zitronensaft
1 dl Rahm

SIRUP
6 dl Espresso frisch aufgebrüht
100 g Zucker
1 Streifen Zitronenschale

ZUBEREITUNGSZEIT
ca. 20 Minuten
+ 30–40 Minuten weich garen

1 Birnen schälen, dabei den Stiel dranlassen.
Mit Zitronensaft bepinseln, damit sie sich nicht
verfärben.

2 Sirup: Eine Pfanne wählen, in der alle Birnen
knapp Platz haben. Espresso, Zucker und Zitronenschale darin aufkochen. Birnen beifügen und
30–40 Minuten bei kleiner Hitze knapp weich garen.
Dabei die Birnen von Zeit zu Zeit bewegen, damit
sie den Sirup gleichmässig aufnehmen können.
Von der Herdplatte ziehen und auskühlen lassen.

3 Birnen aus dem Sirup nehmen, zudecken und
beiseite stellen. Sirup durch ein Sieb passieren,
dicklich einkochen lassen. Über die Birnen giessen
und auskühlen lassen. Rahm flaumig schlagen.
Separat dazuservieren.

TIPPS
• Übrig gebliebener Espressosirup ist in einer
  gut verschliessbaren Flasche im Kühlschrank
  2 Monate haltbar.
• Espressosirup passt gut zu Vanilleglace.

Pot de crème mit Rotweinzwetschgen

Für 4–8 Personen
Für 4–8 ofenfeste Tassen,
Espressotassen oder Porzellan-
förmchen à 1,5–2,5 dl

4 dl Milch oder Halbrahm
2 Sternanis
2 Streifen Orangenschale
5 Eigelb
75 g Zucker oder Blütenzucker
(siehe Tipp Seite 30)

ROTWEINZWETSCHGEN
500 g Zwetschgen
50 g Zucker
2–3 EL Rotwein oder roter Portwein

ZUBEREITUNGSZEIT
ca. 20 Minuten
+ 20 Minuten pochieren

1 Milch oder Halbrahm mit Sternanis und Orangenschale aufkochen. Bei kleiner Hitze 3–5 Minuten
köcheln lassen. Dann auf kleinster Stufe zugedeckt
15 Minuten ziehen lassen.

2 Backofen auf 150–160 °C vorheizen. Eigelb mit
Zucker schaumig rühren. Milch durch ein feines
Sieb passieren und unter Rühren zur Schaummasse
geben. In die Tassen verteilen und auf ein Blech
stellen. Heisses Wasser bis zur Einfüllhöhe hineingiessen. Mit einem grossen Stück Alufolie locker
zudecken.

3 20 Minuten in der Ofenmitte pochieren. Die
Flans sollen am Rand der Tassen fest und in der
Mitte noch leicht flüssig sein. Sonst einige Minuten länger im Ofen pochieren. Herausnehmen und
auskühlen lassen.

4 Rotweinzwetschgen: Früchte halbieren und entsteinen. Zucker hell karamellisieren. Zwetschgen
beifügen, kurz dünsten. Mit Wein oder Portwein
ablöschen und kurz einkochen. Noch warm zu
den Flans servieren. Die Flans werden in Tassen
serviert. Sie sollten nicht direkt aus dem Kühlschrank kommen.

TIPP
Flans nach Anweisung des Herstellers im Steamer
pochieren.

SAISONVARIANTE
Statt Zwetschgen Feigen verwenden.

Zwetschgenknödel

Für 4 Personen
Ergibt 8 Stück

50 g Butter
25 g frische Brotbrösmeli kein
Paniermehl (siehe Tipp)
1 TL Zimt gemahlen
Meersalz
8 grosse Zwetschgen oder kleine
Pflaumen
8 Würfelzucker
Zwetschgenwasser nach Belieben
Puderzucker oder Zimtzucker

KNÖDELMASSE
250 g Magerquark
1 Eigelb
½ TL Zitronenschale fein gerieben
1 Prise Salz
10–12 EL Knöpflimehl oder
Weissmehl

ZUBEREITUNGSZEIT
ca. 30 Minuten
+ 2 Stunden abtropfen lassen
+ 1 Stunde kühl stellen
+ 1–2 Mal 15–20 Minuten
  ziehen lassen

1 Knödelmasse: Ein Sieb mit einem Mull- oder Gazetuch (feine Baumwolle) auslegen. Quark hineingeben. Zugedeckt im Kühlschrank 2 Stunden abtropfen lassen. Quark mit Eigelb, Zitronenschale, Salz und so viel Mehl mischen, bis ein feuchter, aber nicht klebriger Teig entsteht. In eine Schüssel geben. Zudecken und 1 Stunde kühl stellen.

2 Butter in einer grossen Bratpfanne schmelzen. Brösmeli und Zimt darin unter Wenden leicht rösten. Beiseite stellen. Wasser in einer grossen, weiten Pfanne aufkochen. Salzen. Zwetschgen oder Pflaumen in der Kerbe einschneiden. Stein herauslösen. Würfelzucker zur Hälfte in Zwetschgenwasser tauchen. In den Einschnitt geben und die Frucht wieder verschliessen.

3 Teig in 8 Portionen teilen. Mit bemehlten Händen flach drücken. Zwetschgen oder Pflaumen darin einwickeln. Knödel portionenweise im leicht kochenden Salzwasser 10–15 Minuten ziehen lassen, bis sie an die Oberfläche steigen. Dabei die Pfanne leicht bewegen, damit die Knödel nicht am Boden der Pfanne kleben bleiben. Mit einer Schaumkelle herausheben und gut abtropfen lassen. In den Brösmeli wenden. Anrichten und mit Puderzucker oder Zimtzucker bestäuben.

TIPP
Für selbst gemachte Brotbrösmeli altbackenes Brot, z. B. Baguette oder Zopf, in Scheiben schneiden. Auf ein Blech legen. Bei 100 °C oder in der Restwärme des ausgeschalteten Backofens trocknen lassen. Dann im Cutter oder mit dem Wallholz fein zerkleinern. Haltbarkeit: trocken aufbewahrt ca. 3 Monate (dann verliert sich aber das frische Röstaroma) oder tiefgekühlt 3–4 Monate.

SAISONVARIANTE
Statt Zwetschgen oder Pflaumen Aprikosen (mit in Aprikosenschnaps getränktem Würfelzucker) verwenden. Dazu passt statt Brösmeli gemahlener Mohn.

Traubenpudding mit Sesamkrokant

Für 4 Personen
Für 4 Puddingförmchen à 1–1,5 dl

TRAUBENPUDDING
12–16 kleine blaue Trauben
5 dl roter Traubensaft wenn möglich
unpasteurisiert
40 g Maisstärke
2–3 EL Zucker
30 g Butter
1–2 EL Zitronensaft
¼ TL Zimt gemahlen, zum Bestäuben

SESAMKROKANT
1 EL Sesamsamen
2 EL Zucker

ZUBEREITUNGSZEIT
ca. 30 Minuten
+ 1 Stunde kühl stellen

1 Förmchen kalt ausspülen. Trauben halbieren und entkernen. In die Förmchen verteilen.

2 Pudding: 4 dl Traubensaft aufkochen. Restlichen Saft mit Maisstärke und Zucker verrühren. Unter Rühren in die kochende Flüssigkeit geben. Bei kleiner Hitze köcheln, bis der Saft puddingartig gebunden ist. Mit Butter verfeinern und mit Zitronensaft abschmecken. In die Förmchen verteilen und abkühlen lassen. Zudecken und 1 Stunde kühl stellen.

3 Sesamkrokant: Sesamsamen mit Zucker hell karamellisieren. Sofort auf ein Backpapier geben und auskühlen lassen. In Stücke brechen.

4 Puddings am Rand sorgfältig lösen. Auf Teller stürzen. Mit Zimt bestäuben und mit Sesamkrokant garnieren.

TIPP
Unpasteurisierter Traubensaft ist während der Saison auf dem Markt oder direkt ab Bauernhof erhältlich.

Traubenfocaccia

Für 4 Personen

Mehl zum Auswallen
180 g Sauermilch

HEFETEIG
150 g Mehl
1 TL Trockenhefe
1 TL Zucker
3 EL lauwarmes Wasser
1 Eigelb
¼ TL Meersalz
30 g weiche Butter

BELAG
400–500 g gemischte Trauben
½ EL Fenchelsamen
1–2 EL Rohzucker
20 g Butter
2 TL Zitronensaft
wenig Zitronenschale fein abgerieben

ZUBEREITUNGSZEIT
ca. 30 Minuten
+ ca. 1½ Stunden gehen lassen
+ 15–20 Minuten backen

1 Hefeteig: Mehl in eine Schüssel geben. In der Mitte eine Mulde bilden. Hefe, Zucker und Wasser verrühren. In die Mulde giessen. Mit wenig Mehl vom Rand verrühren. Mit wenig Mehl bestäuben. 30 Minuten zugedeckt bei Raumtemperatur gehen lassen. Eigelb, Salz und Butter beifügen. Rasch zu einem Teig zusammenfügen. Von Hand kneten, bis der Teig weich und elastisch ist. Zudecken und bei Raumtemperatur während ca. 1 Stunde um das Doppelte aufgehen lassen.

2 Belag: Trauben je nach Grösse halbieren und entkernen. Fenchelsamen mit Rohzucker im Mörser grob zerstossen. Butter mit Zitronensaft und -schale schmelzen. Backofen auf 220 °C vorheizen.

3 Hefeteig auf leicht bemehlter Arbeitsfläche oval ca. 3 mm dick auswallen. Auf ein Backpapier ziehen. Boden dicht einstechen. Mit Zitronenbutter bestreichen. Trauben darauf verteilen und mit Fenchelzucker bestreuen. Im unteren Teil des Ofens 15–20 Minuten backen. Herausnehmen und leicht abkühlen lassen. Lauwarm mit Sauermilch servieren.

Grüner Fruchtsalat

Für 4 Personen

¼–½ **kleine grüne Chilischote**
¼–½ **kleine rote Chilischote**
1 Limette Schale und Saft
100 g Zucker
1 dl Wasser
3–4 Kiwis
2 grünschalige Äpfel
200 g grüne Trauben
2 EL Pistazien gehackt

ZUBEREITUNGSZEIT
ca. 20 Minuten
+ max. 1 Stunde kühl stellen

1 Chilis in Stücke schneiden, Kerne entfernen. Mit abgeriebener Limettenschale, -saft, Zucker und Wasser aufkochen. 5 Minuten bei kleiner Hitze köcheln, dabei ab und zu rühren. Auskühlen lassen.

2 Kiwis schälen. Längs halbieren, in Scheiben schneiden. Kerngehäuse der Äpfel mit dem Ausstecher entfernen. Äpfel je nach Grösse halbieren, dann in dünne Scheiben schneiden. Trauben von den Rispen zupfen. Je nach Grösse halbieren und entkernen. Früchte sofort mit dem Sirup mischen. Zudecken und max. 1 Stunde kühl stellen.

3 Fruchtsalat anrichten. Mit Pistazien bestreuen.

TIPP
Beim Schneiden der scharfen Chilis am besten Einweghandschuhe tragen.

Minitartes Tatin mit Holunderkompott

Für 4 Personen
Für 4 ofenfeste Förmchen von
8–9 cm Ø

100 g Crème fraîche zum Servieren

HOLUNDERKOMPOTT
250 g schwarzer Holunder
3–4 EL Zucker
1 EL Wasser
1 Streifen Orangenschale

TARTES
125 g Zucker
4 TL Butter
1 Vanilleschote
4 kleinere Äpfel z. B. Granny Smith
oder grüne Golden Delicious
wenig Zitronensaft
4 Sternanis
1 Rolle Blätterteig rechteckig
ausgewallt, 320 g

ZUBEREITUNGSZEIT
ca. 30 Minuten
+ 27–35 Minuten backen

1 Holunderkompott: Holunderbeeren mit einer Gabel von den Rispen streifen. Zucker, Wasser und Orangenschale aufkochen. Holunder beifügen, kurz köcheln, bis die Beeren platzen. Auskühlen lassen. Orangenschale entfernen.

2 Tartes: Backofen auf 200 °C vorheizen, Blech samt Förmchen in die Mitte des Ofens einschieben und ebenfalls heiss werden lassen. Zucker hell karamellisieren. In die heissen Förmchen verteilen. Vorsichtig unter Schwenken am Boden und teilweise am Rand verteilen. Es ist nicht nötig, dass es überall Karamell hat. Butter in die Förmchen geben.

3 Vanilleschote in 4 Stücke schneiden. Äpfel schälen. Kerngehäuse ausstechen. Äpfel oben und unten anschneiden. Mit Zitronensaft bepinseln. Mit Sternanis und Vanilleschote füllen. In die Förmchen setzen. Die Äpfel sollten knapp hineinpassen. Förmchen aufs Blech stellen. Äpfel 12–15 Minuten backen, bis sie knapp weich sind. Äpfel samt Förmchen herausnehmen und auskühlen lassen.

4 Blätterteig entrollen, Rondellen von ca. 10 cm Durchmesser ausstechen. Mit einer Gabel dicht einstechen und kühl stellen. Blätterteigrondellen auf die Äpfel legen. Teigrand zwischen Apfel und Form schieben (am besten mit einem Messer). Im oberen Teil des Ofens 15–20 Minuten backen. Herausnehmen und etwas abkühlen lassen. Vorsichtig stürzen. Gewürze entfernen. Lauwarm mit Holunderkompott und Crème fraîche servieren.

TIPP
Äpfel mit gehackten Baumnüssen, Cranberries oder Rumrosinen füllen.

Schmorquitten mit Jogurtglace

Für 4 Personen

4 Quitten
½ Zitrone Saft
3,5 dl süsslicher Weisswein z. B.
Muscat
1,5 dl Wasser
200 g Zucker
4 frische Lorbeerblätter
1 TL schwarze Pfefferkörner
2 Nelken

JOGURTGLACE
100 g Zucker
1 dl Wasser
2 Zitronen Schale und Saft
500 g Jogurt nature
4 Meringues zerbröselt

ZUBEREITUNGSZEIT
ca. 20 Minuten
+ 3½–6 Stunden tiefkühlen
+ 2–3 Stunden schmoren lassen

1 Jogurtglace: Zucker, Wasser, fein abgeriebene Zitronenschale und -saft aufkochen. Bei kleiner Hitze köcheln, bis sich der Zucker aufgelöst hat. Auskühlen lassen. Mit Jogurt und Meringues mischen. Creme in ein Gefäss geben und 1–2 Stunden anfrieren lassen. Mit einem Schwingbesen aufrühren. Diesen Vorgang 3–4 Mal alle 30 Minuten wiederholen. Danach die Glace 1–2 Stunden durchfrieren lassen.

2 Quittenflaum mit einem weichen Tuch abreiben. Früchte halbieren, das Kerngehäuse darin lassen. Sofort mit Zitronensaft bepinseln oder in Zitronenwasser legen.

3 Backofen auf 160 °C vorheizen. Wein, Wasser, Zucker, Lorbeerblätter und Gewürze aufkochen. Quitten in eine ofenfeste Form geben. Heissen Gewürzwein darüber giessen. Mit Alufolie zudecken. In der Ofenmitte 2–3 Stunden schmoren lassen, bis die Quitten sehr weich und rötlich werden. Einmal wenden. Im Sud auskühlen lassen.

4 Alufolie entfernen. Sud in eine Pfanne abgiessen. Bei mittlerer Hitze sirupartig einkochen. Quitten in ein hohes Gefäss (z. B. Einmachglas) geben. Sud noch heiss über die Quitten giessen und auskühlen lassen. Quitten mit etwas Sud und Glace servieren.

TIPPS
• Übrig gebliebenen Quittensud zum Bepinseln von Birnen- oder Apfelkuchen verwenden oder über Glacedesserts träufeln.
• Glace nach Anweisung des Herstellers in der Glacemaschine gefrieren lassen.

Nuss-Sorbet mit Hagebuttensauce

Für 4 Personen

NUSS-SORBET
100 g Nussmischung
150 g Zucker
3 dl Wasser
3 TL Nusslikör oder Nussöl
½ Zitrone Schale und Saft
1 Eiweiss

HAGEBUTTENSAUCE
150 g Hagebuttenmark ungezuckert
auf dem Markt erhältlich (in der
Saison) oder meist gezuckert im
Reformhaus als Hagebuttenhonig
2–3 EL Rohzucker oder Honig
2–4 EL Zitrussaft z. B. von Orange,
Zitrone oder Grapefruit

ZUBEREITUNGSZEIT
ca. 20 Minuten
+ 3½–6 Stunden tiefkühlen

1 Nuss-Sorbet: Nüsse hacken. Mit 2 EL Zucker in
einer Pfanne rösten, bis der Zucker karamellisiert.
Auf ein Backpapier geben und auskühlen lassen.
100 g karamellisierte Nüsse im Cutter fein mahlen.
Rest für die Garnitur beiseite stellen.

2 Gemahlene Nüsse mit 100 g Zucker, Wasser und
Likör oder Öl aufkochen. Auskühlen lassen. Fein
abgeriebene Zitronenschale und -saft beifügen. Eiweiss steif schlagen. Restlichen Zucker einrieseln
lassen. Weiterschlagen, bis die Masse glänzt. Locker
unter die Nussmasse ziehen. In ein Gefäss geben
und 1–2 Stunden anfrieren lassen. Mit einem
Schwingbesen aufrühren. Diesen Vorgang 3–4 Mal
alle 30 Minuten wiederholen. Danach das Sorbet
1–2 Stunden durchfrieren lassen, bis es die Konsistenz von Softice hat.

3 Hagebuttensauce: Ungezuckertes Hagebuttenmark mit Zucker oder Honig und Zitrussaft
unter Rühren leicht erwärmen (bei Verwendung
von Hagebuttenhonig Zucker weglassen).

4 Sorbet zu Kugeln formen. Mit Sauce beträufeln.
Mit den restlichen Nüssen bestreuen.

TIPPS
- Hagebuttenmark kann einfach selbst hergestellt
  werden: Nach dem ersten Frost sind Hagebutten
  pflückreif. Vom Strauch schneiden oder zupfen,
  dann Fliege und Stiel entfernen. Mit Wasser knapp
  bedecken, aufkochen. Bei kleiner Hitze 45–60 Minuten weich kochen. Durch ein Passe-vite treiben.
  Das Mark kann gut eingefroren (Haltbarkeit
  6–9 Monate) oder zu Konfitüre verarbeitet werden
  (500 g Mark auf 500 g Zucker und etwas Zitronensaft).
- Glace nach Anweisung des Herstellers in der
  Glacemaschine gefrieren lassen.

Honigfeigen

Für 4 Personen

8–12 frische Feigen
150 g Schafmilchquark oder -jogurt
aus der Molkerei oder dem Reformhaus
2 EL Honigwabe vom Imker, aus dem
türkischen Lebensmittelladen oder
dem Delikatessgeschäft, oder Honig

SUD
½ Zimtstange
1 cm frischer Ingwer geschält
2–3 Nelkenpfefferkörner oder
schwarze Pfefferkörner
1–2 Stückchen Macis (Samenmantel
der Muskatnuss) aus dem Delikatessgeschäft
3 dl kräftiger Rotwein z. B. Barolo,
Nero d'Avola
2 dl Wasser
1 Orange Schale und Saft
2–3 EL Honig

ZUBEREITUNGSZEIT
ca. 10 Minuten
+ ca. 2½ Stunden ziehen lassen

1 Sud: Zimt, Ingwer, Nelkenpfeffer oder schwarzen Pfeffer und Macis in ein Mull- oder Gazetuch (feine Baumwolle) binden. Mit Rotwein, Wasser, Oran-genschalenstreifen, -saft und Honig in einer weiten Pfanne aufkochen. 5 Minuten bei kleiner Hitze köcheln lassen. Pfanne vom Herd ziehen.

2 Feigen frisch anschneiden. In den heissen Sud geben. 15–20 Minuten ziehen lassen, dabei 1–2 Mal wenden. Die Feigen herausnehmen. Pfanne auf den Herd zurückstellen und Sud zur Hälfte einkochen lassen. Durch ein Sieb zu den Feigen giessen. Zudecken und nochmals ca. 2 Stunden ziehen und auskühlen lassen.

3 Feigen halbieren und mit dem Sud anrichten. Mit je einem Tupfen Quark oder Jogurt garnieren. Honigwabe (schmeckt leicht wachsig und hat Biss) in Stücke brechen und darüber streuen oder Honig darüber träufeln.

TIPP
Honigfeigen schmecken auch gut zu Blau-schimmelkäse, z. B. Gorgonzola al naturale.

Zitronensoufflé mit Brombeercoulis

Für 4 Personen
Für 4 Souffléförmchen à 2,5–3 dl

BROMBEERCOULIS
300 g Brombeeren
3–4 EL Zucker
1 EL Zitronensaft
1 säuerlicher Apfel

ZITRONENSOUFFLÉ
Butter und Zucker für die Form
5 Eier
1–2 Zitronen Schale und Saft
3 EL Butter
3 EL Mehl
1,5 dl Milch
50 g Zucker
1 TL Vanillearoma
1 Prise Salz
1 Msp. Backpulver
Puderzucker zum Bestäuben

ZUBEREITUNGSZEIT
ca. 30 Minuten
+ 20–30 Minuten backen

1 Brombeercoulis: Brombeeren verlesen. Mit Zucker und Zitronensaft mischen. Apfel samt Schale dazureiben. Alles bei kleiner Hitze aufkochen und 5 Minuten köcheln lassen. Auskühlen lassen. Nach Belieben pürieren und durch ein Sieb passieren.

2 Nur den Boden der Förmchen buttern und mit Zucker bestreuen. 4 Backpapierstreifen von 6 cm Breite und ca. 35 cm Länge zuschneiden. Um die Förmchen legen, sodass das Papier 2–3 cm über den Förmchenrand ragt. Mit Küchenschnur festbinden. Backofen auf 200 °C vorheizen.

3 Zitronensoufflé: Es werden 4 Eigelb und 5 Eiweiss benötigt. Eier sauber trennen. Eiweiss kühl stellen. 1 EL Zitronenschale fein abreiben. 0,5 dl Saft auspressen. Butter schmelzen. Mehl beifügen. Bei kleiner Hitze andünsten. Milch unter Rühren dazugiessen. Bei kleiner Hitze dick einkochen. Zitronensaft und 40 g Zucker zugeben. Kurz weiterkochen. Von der Herdplatte ziehen. Zitronenschale, Vanillearoma und ein Eigelb nach dem andern beifügen. Auf die Herdplatte zurückstellen. 1 Minute unter Rühren erhitzen. Auskühlen lassen.

4 Eiweiss mit Salz und Backpulver steif schlagen. Restlichen Zucker einrieseln lassen. Weiterschlagen, bis die Masse glänzt. Sorgfältig unter die Zitronenmasse mischen. In die Förmchen verteilen.

5 Soufflés in den unteren Teil des Ofens einschieben. Temperatur auf 190 °C zurückschalten. 20–30 Minuten backen. Herausnehmen. Backpapier entfernen. Soufflés mit Puderzucker bestäuben. Sofort mit Brombeercoulis servieren.

TIPP
Soufflémasse in einer grossen Form (1,2 l) backen. Die Backzeit verlängert sich um 10–15 Minuten.

Dunkle Schokoladenmousse

Für 4 Personen

SCHOKOLADENMOUSSE
2 Eier
125 g dunkle Zartbitter-Schokolade
mit 65 % Kakaogehalt
50 g weiche Butter
1 EL Orangensaft
¼ TL Zimt gemahlen
1 dl Rahm
1–2 Tropfen Zitronensaft
2 EL Zucker

SAUCE
1 dl Rahm
25 g dunkle Schokolade gehackt

ZUBEREITUNGSZEIT
ca. 30 Minuten
+ 2 Stunden kühl stellen

1 Schokoladenmousse: Eier trennen, Eiweiss kühl stellen. Schokolade hacken. Mit der Butter im warmen Wasserbad bei kleiner Hitze schmelzen. Eigelb unter Rühren beifügen. Mit Orangensaft und Zimt abschmecken. Auskühlen lassen.

2 Rahm steif schlagen. Eiweiss mit Zitronensaft steif schlagen. Zucker einrieseln lassen. Weiterschlagen, bis die Masse glänzt. Mit dem Rahm rasch und locker unter die Schokoladenmasse heben. In eine Schale füllen. Zudecken und 2 Stunden kühl stellen.

3 Sauce: Rahm aufkochen. Von der Herdplatte ziehen. Schokolade beifügen und schmelzen. Mit zwei Esslöffeln Nocken von der Mousse abstechen. Mit der warmen Sauce servieren.

VARIANTEN
• Schokoladensoufflé: Die Schokoladenmasse (ohne Rahm) kann in ausgebutterte ofenfeste Förmchen (1,5 dl Inhalt) gefüllt und als Soufflé 10 Minuten bei 200 °C im unteren Teil des Ofens gebacken werden.
• Weisse Mousse: Weisse Schokolade hacken, mit Butter schmelzen. Statt Orangensaft einige Tropfen Orangenblütenwasser als Aroma verwenden und den Zimt weglassen. Achtung: Das Schmelzen von weisser Schokolade mit Butter braucht Fingerspitzengefühl. Sie darf auf keinen Fall zu heiss werden, sonst gerinnt sie sofort.

WINTERDESSERTS

Oranges givrées

Für 6 Personen

ORANGEN

6 mittelgrosse Blondorangen
1 kg Zucker
8 dl Wasser
2 Sternanis
½ Zimtstange

SORBET

2–3 dl Orangensaft frisch gepresst
3–4 EL Eiswein oder weisser
Süsswein

ZUBEREITUNGSZEIT
ca. 30 Minuten
+ 4–6 Stunden tiefkühlen

1 Orangen: Früchte oben und unten anschneiden. Die Deckel beiseite legen. Das Fleisch mit dem Grapefruitmesser oder einem scharfen Gemüsemesser herausschneiden, ohne die Schale zu verletzen. Schalen in leicht siedendem Wasser 10–15 Minuten köcheln lassen. Herausnehmen und abtropfen lassen. Das ausgelöste Orangenfleisch über einer Schüssel gut auspressen und den Saft kühl stellen.

2 800 g Zucker mit Wasser aufkochen, 5 Minuten unter Rühren köcheln. Knapp 2 dl Sirup für das Sorbet abmessen. Zudecken und kühl stellen. Sternanis, Zimt und Orangenschalen in den restlichen Sirup geben. Pfanne mit einer Backpapierrondelle zudecken. 30–40 Minuten köcheln lassen, bis die Orangenschalen sehr weich und leicht glasig sind. Herausnehmen und abtropfen lassen. Im restlichen Zucker wenden. Auf einem Tablett 4 Stunden tiefkühlen.

3 Sorbet: Gekühlten Saft mit Orangensaft auf 4 dl ergänzen. Mit Eis- oder Süsswein und Sirup mischen. In ein Gefäss geben. 1–2 Stunden anfrieren lassen. Dann mit einem Schwingbesen aufrühren. Vorgang 3–4 Mal alle 30 Minuten wiederholen. Danach das Sorbet 1–2 Stunden durchfrieren lassen, bis es die Konsistenz von Softice hat.

4 Sorbet zu Kugeln formen und in die gefrorenen Schalen füllen. Sofort servieren.

Dazu passt Sauermilch.

TIPPS
• Sind die Orangen unbehandelt, kann man ein wenig confierte Schale mitessen.
• Sorbet nach Anweisung des Herstellers in einer Glacemaschine gefrieren lassen.

VARIANTE
Statt Orangen Mandarinen verwenden.

Flambierte Orangencrêpes

Für 4–6 Personen
Ergibt ca. 12 Stück

CRÊPES
2 Eier
2,5 dl Milchwasser (halb-halb)
50 g flüssige Butter ausgekühlt
1 EL Zucker
¼ TL Salz
75 g Mehl
Butter zum Braten

SAUCE
4–5 EL Orangenlikör z. B. Grand Marnier
2–3 kleine Blondorangen
50 g Süssrahmbutter
50 g Zucker

ZUBEREITUNGSZEIT
ca. 50 Minuten
+ 30 Minuten ruhen lassen

1 Crêpes: Eier mit Milchwasser, Butter, Zucker, Salz und Mehl glatt rühren. Zudecken und bei Raumtemperatur 30 Minuten ruhen lassen.

2 Eine beschichtete Bratpfanne mit Butter bepinseln. Warm werden lassen. ½ Suppenkelle Teig hineingiessen. Unter Schwenken der Pfanne den Boden dünn überziehen. Bei kleiner Hitze backen, bis sich die Crêpe löst. Wenden. Zweite Seite nur kurz backen. Crêpe auf einen Teller geben und mit Klarsichtfolie bedecken. So weiterfahren, bis der Teig aufgebraucht ist. Crêpes bis zur Verwendung kühl stellen.

3 Backofen auf 100 °C vorheizen. Crêpes in Viertel falten. Auf einer ofenfesten Platte zugedeckt im Ofen warm werden lassen.

4 Sauce: Likör erwärmen. 1 Orange schälen und in Scheiben schneiden. Schale der restlichen Orangen fein abreiben. Früchte auspressen. Butter mit Zucker hell karamellisieren. Mit Orangensaft ablöschen. Schale beifügen und kurz köcheln. Orangenscheiben beifügen und warm werden lassen. Crêpes in die Sauce legen. Mit Likör beträufeln und nach Belieben anzünden und flambieren. Dabei mit einem Löffel mehrmals brennende Sauce über die Crêpes giessen. Crêpes mit Sauce und Orangenscheiben anrichten.

Dazu passt Vanilleglace.

TIPP
Beim Flambieren ist Folgendes zu beachten: Lüftung (Dampfabzug) ausschalten. Nur mit langen Zündhölzern entzünden. Nicht in der Nähe von leicht entflammbaren Gegenständen und nicht in unmittelbarer Nähe von Kindern flambieren.

Safran-Griessköpfli mit Cranberries

Für 4 Personen
Für 4 Puddingförmchen à 1,5–2 dl

2 Kardamomkapseln
4 EL Zucker
1 Prise Salz
4,5 dl Wasser
einige Safranfäden
45 g Butter
90 g Hartweizengriess
45 g Nussmischung gehackt
180 g Sauermilch

SAUCE
150 g frische Cranberries
3 EL Orangensaft frisch gepresst
2–3 EL Zucker

ZUBEREITUNGSZEIT
ca. 30 Minuten
+ 1 Stunde fest werden lassen

1 Kardamomkapseln öffnen, Samen herauslösen und beiseite stellen. Kapseln mit Zucker, Salz und Wasser köcheln, bis sich der Zucker aufgelöst hat. Von der Herdplatte ziehen. Safran beifügen und 10 Minuten ziehen lassen, dann absieben. Kardamomsamen im Mörser fein zerstossen.

2 Butter schmelzen. Griess beifügen und andünsten. Zuckersirup unter ständigem Rühren dazugiessen. 7–10 Minuten köcheln, bis der Griess gequollen ist. Zerstossenen Kardamom und Nüsse beifügen und mischen. In kalt ausgespülte Förmchen geben und zudecken. 1 Stunde bei Raumtemperatur fest werden lassen.

3 Sauce: Cranberries mit Orangensaft und Zucker aufkochen. Bei kleiner Hitze köcheln, bis die Beeren zu platzen beginnen. Auskühlen lassen.

4 Kurz vor dem Servieren Griessköpfchen im warmen Wasserbad erwärmen. Auf Teller stürzen. Mit Cranberries und Sauermilch servieren.

VARIANTE
Statt Cranberries können auch Preiselbeeren verwendet werden. Preiselbeeren sind die wild wachsenden Verwandten der Cranberries und etwa so gross wie Heidelbeeren. Von Ende August bis in den Oktober werden sie auf Wochenmärkten oder in Delikatessgeschäften offen angeboten. Frische Cranberries sind beim Grossverteiler ab Oktober/November erhältlich.

Montebianco

Für 4–6 Personen

800 g Edelkastanien (Marroni)
ungeschält
100 g Zucker
2 dl Wasser
1 Vanilleschote aufgeschlitzt
2–3 EL Kirsch nach Belieben
1,8 dl Rahm
4–6 Meringues

GARNITUR
2–3 TL Kakaopulver

ZUBEREITUNGSZEIT
ca. 40 Minuten
+ ca. 30 Minuten kochen

1 Kastanien den spitzen Rand entlang einschneiden. Im siedenden Wasser 5 Minuten blanchieren. Herausnehmen und noch warm schälen. Dabei auch die feinen braunen Häutchen entfernen. Frisches Wasser aufkochen. Geschälte Kastanien beifügen und ca. 30 Minuten weich kochen.

2 Zucker, Wasser und Vanilleschote zur Hälfte einkochen. Von der Herdplatte ziehen. Vanilleschote entfernen. Kastanien abgiessen und abtropfen lassen. Noch heiss durchs Passe-vite direkt in den Sirup treiben. Mischen und nach Belieben mit Kirsch abschmecken.

3 Kurz vor dem Servieren den Rahm steif schlagen. 4 Meringues in grosse Stücke brechen. Mit dem Rahm anrichten. Kastanienpüree durch die Vermicellespresse bergartig darauf pressen. Mit Kakaopulver bestäuben. Restliche Meringues an einem kleinen Metallsieb darüber reiben. Sofort servieren.

Dazu nach Belieben Winterfruchtsalat (siehe Seite 118) oder filetierte Orangen servieren.

TIPPS
• 600 g geschälte Tiefkühlkastanien verwenden. In Wasser 20–30 Minuten weich kochen, passieren und mit dem Sirup vermischen.
• An Stelle von Wasser Weisswein, Birnen- oder Traubensaft zum Kochen der Kastanien verwenden.

Karamellflan

Für 4–6 Personen
Für eine Porzellan- oder
Glas-Cakeform oder eine
Porzellan-Gratinform von 1 l

6 dl Vollmilch
60 g Zucker
1 Stück Zitronenschale
1 Prise Meersalz
1 Vanilleschote aufgeschlitzt
3 Eier
3 Eigelb

KARAMELL
150 g Zucker
5 EL Wasser

ZUBEREITUNGSZEIT
ca. 20 Minuten
+ 1 Stunde ziehen lassen
+ 50–60 Minuten pochieren
+ 2–4 Stunden kühl stellen

1 Milch, Zucker, Zitronenschale, Salz und Vanilleschote aufkochen. Von der Herdplatte ziehen. Zudecken und 1 Stunde ziehen lassen.

2 Karamell: Form in heissem Wasser vorwärmen.
Zucker und Wasser unter Rühren aufkochen. Bei
mässiger Hitze dunkel karamellisieren. In die Form
geben. Vorsichtig unter Schwenken Boden und
Wände mit Karamell überziehen. Form auf ein Blech
stellen.

3 Backofen auf 160–170 °C vorheizen. Eier und
Eigelb verrühren. Milch dazurühren. Eiermilch
durch ein kalt ausgespültes Sieb in die Form giessen. Mit Alufolie zudecken. In die Ofenmitte einschieben. Heisses Wasser so hoch wie möglich ins
Blech giessen. Flan 50–60 Minuten pochieren.
Das Wasser sollte nicht heisser als 70 °C werden
(es bilden sich kleine Blasen).

4 Karamellflan herausnehmen. Auskühlen lassen.
Zudecken und 2–4 Stunden in den Kühlschrank
stellen. Dann stürzen. Form in kochend heisses
Wasser stellen, damit das Karamell flüssig wird.
Karamell über den Flan träufeln. Flan in Scheiben
schneiden, anrichten. Mit Karamell beträufeln.

Dazu passt flaumig geschlagener Rahm.

TIPPS
• Karamellmasse für Köpfli in 4 Portionenformen à
  2,5 dl verteilen. 30–35 Minuten pochieren.
• Flan oder Köpfli auf dem Herd pochieren: Dazu
  einen Lappen auf den Boden einer passenden
  Pfanne legen. Bedeckte Form resp. Förmchen darauf stellen. Heisses Wasser so hoch wie möglich
  dazugiessen, Pfanne zudecken. Bei kleinster
  Hitze 50–60 resp. 30–35 Minuten pochieren.
• Flan oder Köpfli nach Anweisung des Herstellers
  im Steamer pochieren.

Gebrannte Creme mit Schnee-Eiern

Für 4–6 Peronen

GEBRANNTE CREME
1 Zitrone
4–6 Würfelzucker
6 dl Milch
120 g Zucker
3 Eier
2 Eigelb
1 Msp. Maisstärke
1,8 dl Rahm nach Belieben

SCHNEE-EIER
2 Eiweiss
1 Prise Salz
einige Tropfen Zitronensaft
3 EL Zucker

ZUBEREITUNGSZEIT
ca. 40 Minuten
+ 2 Stunden kühl stellen

1 Creme: Zitronenschale mit dem Würfelzucker abreiben (die raue Oberfläche des Zuckers reibt die Aromastoffe der Zitrusschale ab). Zucker mit Milch aufkochen.

2 Zucker bei mittlerer Hitze goldbraun karamellisieren. Von der Herdplatte ziehen, kurz stehen lassen. Heisse Milch dazugiessen. Köcheln, bis sich das Karamell aufgelöst hat. Eier, Eigelb und Maisstärke gut verrühren. Heisse Karamellmilch unter Rühren zur Eimasse giessen und alles in die Pfanne zurückgeben. Unter ständigem Rühren bis knapp vor den Siedepunkt erhitzen. Von der Herdplatte ziehen, kurz weiterrühren. Durch ein Sieb in eine Schüssel geben. Klarsichtfolie direkt auf die heisse Creme legen. Oberfläche komplett bedecken, damit die Creme keine Haut bekommt. Auskühlen lassen. Sobald die Creme kalt ist, für 2 Stunden in den Kühlschrank stellen.

3 Schnee-Eier: Eiweiss mit Salz und Zitronensaft steif schlagen. Zucker einrieseln lassen. Weiterschlagen, bis die Masse glänzt. Mit zwei grossen, kalt abgespülten Löffeln 12 Nocken abstechen. Auf ein befeuchtetes Backpapier setzen. Wasser in einer weiten Pfanne aufkochen. Schnee-Eier portionenweise 5–7 Minuten pochieren. Wenden und nochmals 2 Minuten pochieren. Mit einer Schaumkelle herausheben. Auf einem Küchentuch abtropfen lassen.

4 Rahm schlagen und nach Belieben unter die Creme ziehen und anrichten. Schnee-Eier darauf setzen.

Profiteroles au chocolat

Für 4–6 Personen
Ergibt 16–20 Stück

BRÜHTEIG
1 TL Wasser
40 g Butter in Würfel geschnitten
½ TL Zucker
½ TL Salz
80 g Mehl
2 kleine Eier
1 TL Puderzucker

SAUCE
100 g dunkle Schokolade
6 EL Rahm
2 EL Milch
2 EL Zucker
1 EL Butter

FÜLLUNG
1,8 dl Rahm
1 EL Puderzucker
2 EL Mascarpone
½ Orange Schale

ZUBEREITUNGSZEIT
ca. 40 Minuten
+ 17–23 Minuten backen

1 Backofen auf 210 °C vorheizen. Blech mit Backpapier belegen. Spritzbeutel mit glatter Tülle von 1 cm Durchmesser bereitstellen.

2 Brühteig: Wasser, Butter, Zucker und Salz aufkochen. Mehl im Sturz beifügen. Bei mittlerer Hitze rühren, bis sich der Teig vom Pfannenboden löst und sich Bodensatz bildet. Von der Herdplatte ziehen. Teig etwas abkühlen lassen. Ein Ei nach dem anderen mit den Schwingbesen des Handrührgeräts unter die Masse rühren, bis der Teig glänzt und geschmeidig ist.

3 Teig in den Spritzbeutel füllen. 16–20 baumnussgrosse Portionen in grossem Abstand aufs Backpapier spritzen. Spitzen mit einer kalt abgespülten Messerspitze flach drücken. Mit Puderzucker bestäuben. In die untere Hälfte des Ofens einschieben. Temperatur auf 200 °C zurückstellen. Brühteigkugeln (Profiteroles) 15–18 Minuten backen. Ofen ausschalten. Gebäck bei leicht geöffneter Tür 2–5 Minuten ausbacken. Herausnehmen und auf einem Kuchengitter auskühlen lassen.

4 Sauce: Schokolade hacken. Im warmen Wasserbad schmelzen. Rahm und Milch aufkochen. Von der Herdplatte ziehen. Schokolade, Zucker und Butter unter Rühren beifügen. Sauce glatt rühren und warm halten.

5 Profiteroles seitlich aufschneiden. Für die Füllung Rahm mit Puderzucker steif schlagen. Mascarpone und fein abgeriebene Orangenschale beifügen. In einen Spritzbeutel mit glatter Tülle füllen und in die Profiteroles spritzen. Profiteroles mit Schokoladensauce überziehen. Sofort servieren.

VARIANTE
Statt Mascarpone-Orangen-Rahm je 1 kleine Kugel Vanilleglace in die Profiteroles füllen.

Tiramisù mit Glühweinsirup

Für 4 Personen
Für 4 Gläser à 2 dl

2,5 dl Rahm
250 g Mascarpone
2–3 EL Puderzucker
50 g dunkle Schokolade fein
geraspelt
½ TL Zimt gemahlen
16–20 Löffelbiskuits (Savoiardi),
ca. 100 g

GLÜHWEINSIRUP
½ Zimtstange
2–3 Nelken
3–4 Pimentpfefferkörner oder
Nelkenpfefferkörner
1 Orange Schale
2,5 dl fruchtiger Rotwein
75 g Zucker

ZUBEREITUNGSZEIT
ca. 30 Minuten
+ 1 Stunde kühl stellen

1 Glühweinsirup: Zimt, Nelken und Piment- oder Nelkenpfefferkörner in ein Mull- oder Gazetuch (feine Baumwolle) binden. Orangenschale in Streifen dünn abziehen. Gewürze und Orangenschale mit Rotwein und Zucker aufkochen. 10 Minuten bei kleiner Hitze köcheln lassen. Auskühlen lassen.

2 Rahm steif schlagen. Mascarpone mit Puderzucker glatt rühren. Rahm locker darunter ziehen. Schokolade mit Zimt mischen.

3 Glühweinsirup in eine weite Schale geben. Die Hälfte der Löffelbiskuits kurz hineintauchen. In die Gläser verteilen. Mit der Hälfte des Sirups beträufeln. Kurz warten, bis der Sirup etwas aufgesogen ist. Die Hälfte der Creme darauf füllen. Mit der Hälfte Zimt-Schokolade bestreuen. Darauf folgt eine zweite Lage mit dem Rest der Löffelbiskuits, der Creme und der Zimt-Schokolade. Zudecken und bis zum Servieren 1 Stunde kühl stellen.

TIPP
Das Tiramisù kann am Vortag zubereitet und über Nacht in den Kühlschrank gestellt werden.

Savarin mit Winterfruchtsalat

Für eine Ringform von 24 cm Ø
Ergibt ca. 12 Stück

100 g Aprikosenkonfitüre zum
Bestreichen
5 EL Orangensaft oder Rum

HEFETEIG
Butter und Mehl für die Form
50 g Zucker
½ Würfel Hefe
½ Zitrone Schale
250 g Mehl
4–5 EL Milch lauwarm
3 Eier verquirlt
125 g weiche Butter
½ TL Salz

SIRUP
5 dl Wasser
1 dl trockener Weisswein z. B.
Chardonnay
100 g Zucker
1 Streifen Orangenschale
3–4 EL Rum

FRUCHTSALAT
1 Limette Schale und Saft
3 EL Puderzucker
50 g Cranberries getrocknet
2 Blondorangen
1 rosa Grapefruit
2 Mandarinen
1 Apfel
1 Birne

ZUBEREITUNGSZEIT
ca. 40 Minuten
+ 30–40 Minuten aufgehen lassen
+ 25–35 Minuten backen
+ 30 Minuten stehen lassen

1 Hefeteig: Form ausbuttern, bemehlen und kühl stellen. Zucker und Hefe flüssig rühren. Mit fein abgeriebener Zitronenschale und den übrigen Zutaten zu einem glatten Teig vermischen. In die Form geben. Zudecken und 30–40 Minuten bis zum Formenrand aufgehen lassen. Backofen auf 210 °C vorheizen. Savarin im unteren Teil des Ofens 25–35 Minuten backen. Nach 18–20 Minuten Backzeit darf die Oberfläche des Savarins auf keinen Fall zu braun sein. Sonst mit Alufolie bedecken. Nach 25 Minuten Backzeit Stäbchenprobe machen. Zu langes Backen macht den luftigen Savarin fest. Herausnehmen und 15 Minuten abkühlen lassen.

2 Sirup: Wasser, Wein, Zucker und Orangenschale aufkochen. 2 Minuten bei kleiner Hitze köcheln. Vom Herd ziehen. Rum beifügen. Auf gut handwarm abkühlen lassen. Orangenschale entfernen. Savarin aus der Form stürzen. Sirup in die Form giessen. Savarin in die Form zurückgeben. 30 Minuten stehen lassen, bis der Sirup aufgesogen ist.

3 Fruchtsalat: Fein abgeriebene Limettenschale, -saft und Puderzucker verrühren. Über die Cranberries giessen. 15 Minuten quellen lassen. Orangen, Grapefruit und Mandarinen schälen. Filets zwischen den Trennhäutchen herauslösen, dabei den Saft auffangen. Apfel und Birne vierteln, Kerngehäuse entfernen. Fruchtfleisch in Stücke schneiden. Mit Zitrusfilets und -saft zu den Cranberries geben. Zudecken und 20 Minuten kühl stellen.

4 Konfitüre mit Orangensaft oder Rum erwärmen. Durch ein Sieb passieren. Savarin aus der Form nehmen und damit bestreichen. Mit Fruchtsalat servieren.

Dazu passt flaumig geschlagener, gesüsster Rahm.

Baked Alaska

Für 4 Personen
Für 4 ofenfeste Förmchen à 2 dl

4–8 Pflaumen getrocknet
1 dl Rotwein
1 EL Zucker
400 g gemischte Glace z. B.
Pistache, Vanille, Erdbeer, Aprikose
2 Eiweiss
1 Prise Salz
einige Tropfen Zitronensaft
80 g Zucker

ZUBEREITUNGSZEIT
ca. 20 Minuten
+ 2–3 Stunden tiefkühlen

1 Pflaumen entsteinen und in Stücke schneiden. Rotwein mit Zucker aufkochen. Pflaumen beifügen. Kurz köcheln, dann zudecken und auskühlen lassen. Mit der Kochflüssigkeit in die Förmchen verteilen. Kühl stellen.

2 Mit dem Mini-Glacekugelausstecher (erhältlich im Fachhandel) 20–24 sehr kleine Glacekugeln formen. In die Förmchen verteilen. 2–3 Stunden in den Tiefkühler stellen.

3 Kurz vor dem Servieren Backofen auf 220–230 °C vorheizen. Eiweiss mit Salz und Zitronensaft steif schlagen. Zucker einrieseln lassen. Weiterschlagen, bis die Masse glänzt.

4 Eischnee mit einem Löffel auf der Glace verteilen, sodass sie komplett bedeckt ist. Im oberen Teil des Ofens 2–3 Minuten überbacken, bis der Eischnee hellbraune Kanten und Spitzen bekommt. Sofort servieren.

TIPP
Das Dessert kann auch in einer grossen ofenfesten Form mit grossen Glacekugeln gemacht werden. Die Backzeit bleibt sich gleich.

Jogurtparfait mit Krokant

Für 4–6 Personen
Für eine Form von ca. 1 l,
z. B. eine Cassataform

180 g griechisches Jogurt
3 Eier
60 g Zucker
½ TL Vanillezucker
½ TL Lebkuchengewürz
1 Prise Salz
1,8 dl Rahm

SAUCE
3 EL Wasser
3 EL Orangenlikör z. B. Grand Marnier
2–3 EL Zucker
½ Orange Schale und Saft
1 EL Sultaninen oder Korinthen
1 EL Orangeat

KROKANT
60 g Zucker
einige Tropfen Zitronensaft
2 EL Baumnüsse fein gehackt

ZUBEREITUNGSZEIT
ca. 20 Minuten
+ ca. 1 Stunde abtropfen lassen
+ 4–6 Stunden tiefkühlen

1 Jogurt in ein feinmaschiges Sieb geben. Im Kühlschrank ca. 1 Stunde abtropfen lassen. Form kühl stellen.

2 Jogurtparfait: Dazu braucht es 3 Eigelb und 2 Eiweiss. Eier trennen. Eiweiss kühl stellen. Eigelb mit 50 g Zucker, Vanillezucker, Lebkuchengewürz und Salz schaumig rühren. Jogurt beifügen und mischen. Rahm steif schlagen. Eiweiss steif schlagen. Restlichen Zucker einrieseln lassen. Weiterschlagen, bis die Masse glänzt. Rahm und Eiweiss sorgfältig unter die Schaummasse ziehen. Masse in die Form geben und zudecken. 4–6 Stunden in den Tiefkühler stellen.

3 Sauce: Wasser, Orangenlikör und Zucker sirupartig einkochen. Fein abgeriebene Orangenschale, -saft, Sultaninen oder Korinthen und Orangeat beifügen. Zudecken und auskühlen lassen.

4 Krokant: Zucker mit Zitronensaft hell karamellisieren. Baumnüsse beifügen und mischen. Auf ein Backpapier geben und erkalten lassen. In Stücke brechen oder hacken.

5 Zum Servieren Form kurz in warmes Wasser tauchen. Parfait stürzen und in Stücke schneiden. Mit Sauce anrichten und mit Krokant garnieren.

Zitronenroulade mit Kokoshaube

Für ein rechteckiges Backblech
von 40 x 30 cm
Ergibt ca. 12 Stück

35 g Kokosraspel
1 EL Zucker
2 TL Wasser

BISKUITTEIG
4 Eier
1 Eigelb
125 g Zucker
100 g Mehl
½ TL Backpulver
30 g flüssige Butter ausgekühlt
2 EL Milch

ZITRONENCREME
3 Eigelb
3 EL Zucker
1 dl Zitronensaft frisch gepresst

EISCHNEE
95 g Zucker
0,5 dl Wasser
2 Eiweiss
1 Prise Salz
einige Tropfen Vanillearoma oder
Zitronenaroma

ZUBEREITUNGSZEIT
ca. 30 Minuten
+ 20–27 Minuten backen
+ 1 Stunde kühl stellen

1 Biskuitteig: Backblech mit Backpapier belegen. Backofen auf 200 °C vorheizen. Eier, Eigelb und Zucker zu einer hellen, festen Creme aufschlagen. Mehl und Backpulver darauf sieben, locker darunter heben. Butter und Milch beifügen. Rasch mischen. Teig auf das Backpapier geben. Verteilen und glatt streichen. Biskuit in der Ofenmitte 10–12 Minuten backen. Herausnehmen und auf ein zweites Backpapier stürzen. Das obere Papier lösen und auf das Biskuit legen. Biskuit samt Backpapier einrollen und erkalten lassen.

2 Kokosraspel mit Zucker und Wasser mischen. Auf dem heissen Blech verteilen. Im heissen, aber ausgeschalteten Ofen 10–15 Minuten backen, bis sie leicht geröstet und trocken sind. Herausnehmen und auskühlen lassen.

3 Zitronencreme: Alle Zutaten unter Rühren bis knapp vor den Siedepunkt erwärmen. Abkühlen lassen und 1 Stunde kühl stellen.

4 Eischnee: Zucker mit Wasser 5–7 Minuten sirupartig einkochen. Eiweiss mit Salz steif schlagen. Kochend heissen Zuckersirup unter Rühren langsam dazufliessen lassen. 2 Minuten weiterschlagen. Mit Aroma abschmecken.

5 Biskuit entrollen. Erst Zitronencreme, dann knapp die Hälfte des Eischnees darauf verteilen. Mit Hilfe des Papiers aufrollen. Roulade mit restlichem Eischnee bestreichen und mit Kokosraspeln bestreuen. Mit einem heiss abgespülten Messer in Scheiben schneiden. Sofort servieren.

TIPPS
- Die Roulade kann bis und mit Punkt 3 einen Tag im Voraus zubereitet werden.
- Die fertige Roulade sollte sofort serviert werden. Sie darf nicht in den Kühlschrank gestellt werden.

125

Schokoladenmousse-Kuchen

Für eine Springform von 18–20 cm Ø
Ergibt 8–12 Stück

Kakaopulver zum Bestäuben
Puderzucker zum Bestäuben
eingelegte Sauerkirschen aus
dem Delikatessgeschäft oder Herzkirschen zum Garnieren

TEIG
250 g dunkle Zartbitter-Schokolade
mit 65 % Kakaogehalt
125 g Butter
4 Eier
50 g Zucker
2 Prisen Meersalz
2 TL Kakaopulver
3 EL Kaffeelikör oder Armagnac

ZUBEREITUNGSZEIT
ca. 15 Minuten
+ 30 Minuten backen

1 Springformboden mit Backpapier auskleiden.
Backofen auf 220 °C vorheizen.

2 Teig: Schokolade hacken. Mit der Butter im warmen Wasserbad schmelzen. Herausnehmen und
ganz auskühlen lassen. Eier mit Zucker und Salz zu
einer hellen, dicken Creme aufschlagen. Kakaopulver, Kaffeelikör oder Armagnac und Schokolade
sorgfältig mit einem grossen Schwingbesen darunter mischen. Sofort in die Form füllen. Im unteren
Teil des Ofens 15 Minuten backen, bis die Masse
fest ist. 15 Minuten im ausgeschalteten Ofen bei
leicht geöffneter Tür ausbacken (Tür mit einem
Holzspiess fixieren).

3 Kuchen herausnehmen und in der Form auskühlen lassen. Aus der Form lösen. Mit Kakaopulver
bestäuben. In Stücke schneiden und anrichten.
Spitzen mit Puderzucker bestäuben. Mit Sauer- oder
Herzkirschen garnieren.

TIPPS
• Statt Kaffeelikör oder Armagnac frisch gepressten
Orangensaft oder kalten Espresso verwenden.
• Statt Kirschen Himbeercoulis aus tiefgekühlten
Beeren (hergestellt wie Brombeercoulis Seite 96)
dazuservieren.

ALPHABETISCHES REGISTER

Aprikosenterrine mit Johannisbeeren 56

Baisertörtchen mit Beeren 44
Baked Alaska 120
Beerenbiskuit 40
Beerenpudding, roter 46
Birnen-Mohn-Strudel 74
Brombeerpudding 72

Cheesecake mit Limettenconfit 32
Creme, gebrannte, mit Schnee-Eiern 112

Erdbeersalat, marokkanischer 16
Erdbeer-Vanille-Jelly 18
Espressobirnen 76

Fraises à la fraise mit Glacestängel 20
Fruchtsalat, grüner 86

Gazpacho, süsser, mit
Mascarponeglace 62
Granita al caffè mit
Holunderlikörschaum 68

Himbeerglace-Sandwiches 58
Holunderblüten, ausgebackene,
mit Blütenschaum 14
Honigfeigen 94

Jogurtparfait mit Krokant 122

Karamellflan 110
Kirschenflan 50
Kirschen im Ausbackteig 52
Kir-Sorbet 48
Kokos-Panna-cotta mit Rhabarbersirup .. 24

Melonensalat mit Borretschblüten 66
Milchreis mit Safranbirnen 36
Minitartes Tatin mit Holunderkompott 88
Minzecreme mit Biscotti 64
Montebianco 108

Nuss-Sorbet mit Hagebuttensauce 92

Orangencrêpes, flambierte 104
Oranges givrées 102

Pflümlitarte, süss-salzige 54
Pot de crème mit Rotweinzwetschgen 78
Profiteroles au chocolat 114

Rhabarber-Erdbeer-Crumble 26
Rhabarber-Millefeuilles 28
Rhabarbertarte 22
Rosenblütensorbet mit Apfelmus 34
Rote Grütze mit Vanillesauce 42

Safran-Griessköpfli mit Cranberries 106
Savarin mit Winterfruchtsalat 118
Schmorquitten mit Jogurtglace 90
Schokoladenmousse, dunkle 98
Schokoladenmousse-Kuchen 126
Sommerfrüchte vom Grill mit
Lavendel-Vanillecreme 60

Tiramisù mit Glühweinsirup 116
Traubenfocaccia 84
Traubenpudding mit Sesamkrokant 82

Zitronenroulade mit Kokoshaube 124
Zitronensoufflé mit Brombeercoulis 96
Zitronentartelettes 30
Zwetschgenknödel 80

Noch mehr Köstlichkeiten

Mit einem Abo der Saisonküche servieren wir Ihnen jeden Monat die spannendsten Neuheiten aus der Welt des Geniessens: eine Fülle von exklusiven, saisonal inspirierten Rezepten, faszinierende Reportagen aus aller Welt und viel Wissenswertes rund ums Thema Kulinarik. Lust auf mehr? Dann bestellen Sie jetzt ein Abonnement (12 Ausgaben) des stärksten Kochmagazins der Schweiz

für nur 25 Franken pro Jahr

Als AbonnentIn profitieren Sie von Vergünstigungen auf unsere attraktiven Leserangebote und Kochbücher sowie von zahlreichen kostenlosen Leistungen wie

- Kochberatung
- Rezeptnachlieferung
- Zugriff auf die Datenbank mit sämtlichen Rezepten der Saisonküche sowie weiteren cleveren Extras unter www.saison.ch
- Kleinanzeige im Heft und im Internet

Unser AbonnentInnen-Service freut sich auf Ihre Bestellung:
Telefon 0848 877 77 77
E-Mail aboservice@saison.ch
www.saison.ch

Ein Abonnement der Saisonküche ist übrigens auch eine tolle Geschenkidee.

Preisänderungen vorbehalten.